VAILLANCE

ET

RICHARD,

Par Jules SANDEAU,

Auteur de *Marianna*, du *Docteur Herbeau*, etc.

PARIS,

LIBRAIRIE DE CHARLES GOSSELIN,
ÉDITEUR DE LA BIBLIOTHÈQUE D'ÉLITE,
30, RUE JACOB.

M DCCC XLIII.

VAILLANCE
ET
RICHARD.

PARIS. IMPRIMÉ PAR BÉTHUNE ET PLON,
RUE DE VAUGIRARD, 36.

VAILLANCE
ET
RICHARD,

Par JULES SANDEAU.

PARIS.
LIBRAIRIE DE CHARLES GOSSELIN
Éditeur de la Bibliothèque d'Élite.
30, RUE JACOB.
MDCCCXLIII.

A

𝔐on frère et ami 𝔓aul 𝔇......

VAILLANCE.

VAILLANCE.

I.

Sur la côte de Bretagne, entre la ville de Saint-Brieuc et le village de Bignic, s'élève une espèce de manoir qu'on a de tout temps, dans le pays, décoré du nom de château, sans doute à cause de la tour crénelée qui écrase de sa sombre masse le reste de l'édifice. Le fait est qu'avant la révolution de 89, le Coat-d'Or était la demeure des seigneurs de l'endroit. Devenu propriété nationale, les hibous s'en emparèrent et y firent tranquillement leurs petits jusqu'en 1815, époque à laquelle la famille Legoff l'acheta et s'y vint installer. L'aspect en est lugubre, les abords en sont désolés. D'un côté l'Océan, de l'autre, à perte de vue, des champs d'ajoncs et de bruyères. Entre ces deux mers qu'il domine comme un promontoire, le château apparaît triste et solitaire, avec sa tour pareille à un phare.

Par un soir d'hiver de l'année 1836, les trois frères Legoff étaient réunis dans la chambre de rez-de-chaussée qui leur servait habituellement de salon. C'était une vaste salle qui présentait un bizarre assemblage de luxe, d'élégance et de simplicité rustique. Ainsi, tandis qu'un riche tapis étalait sur le carreau ses rosaces aux vives couleurs, le plafond étendait au-dessus ses poutres noircies par le temps et par la fumée. Les murs étaient blanchis à la chaux, mais chaque fenêtre avait de doubles rideaux de soie blanche et de damas rouge. Quelques chaises de paille grossière escortaient humblement un magnifique fauteuil, velours et palissandre, tout surpris de se voir en si mauvaise compagnie. Une carabine, des sabres, des poignards, des haches d'abordage, des fusils de chasse emprisonnés dans leurs étuis de cuir, tapissaient le manteau de la cheminée ; un piano d'ébène, incrusté de filets de cuivre, occupait le fond de cette chambre, dont les trois frères Legoff n'étaient pas le moindre ornement.

Le plus beau des trois était encore fort laid, en admettant toutefois que la figure douce, intelligente et résignée du frère Joseph pût passer pour laide. On se laissait prendre bien vite à son air souffrant et rêveur, on finissait par le trouver charmant. Dans sa longue redingote brune, boutonnée jusqu'au menton, avec ses cheveux blonds et plats séparés sur le milieu du front et tombant négligemment sur le col et sur les épaules, on eût dit un de ces cloarecs qui mêlaient parfois à leurs pieuses méditations les chastes inspirations de la muse.

Les deux autres, pour parler net, avaient tout l'air d'ours mal léchés.

Le frère Christophe portait, sous une houppelande de peaux de chèvres, un costume de marin du temps de l'empire; il avait les jambes courtes, le ventre gros, la barbe inculte, les sourcils épais, les cheveux noirs et la tête énorme. Il aurait pu tuer Joseph d'une chiquenaude, et un bœuf d'un coup de poing.

Le frère Jean, l'aîné de la famille, pouvait avoir de quarante-cinq à cinquante ans. Il était long et maigre, et, près de Christophe, ne ressemblait pas trop mal à don Quichotte en société de Sancho Pança. Il avait des moustaches rousses, hérissées et menaçantes comme les dards d'un porc-épic; la pièce la plus importante de son vêtement était une redingote grise qu'il portait à la façon de l'Empereur.

Les trois frères avaient aux pieds de gros sabots qui se prélassaient sans gêne sur un tapis de mille écus.

Assis autour de l'âtre, tous trois paraissaient en proie à une violente inquiétude qu'ils exprimaient différemment, chacun selon son caractère. Jean et Christophe juraient; Joseph priait à voix basse, tout en suivant d'un regard préoccupé les jets de flamme bleuâtre qui s'échappaient de l'ormeau embrasé. De temps en temps, Christophe ou Jean, à tour de rôle, se levait, allait entr'ouvrir les rideaux d'une fenêtre, puis, après être resté quelques instants en observation, retournait à sa place d'un air agité. Joseph n'interrompait ses prières que pour consulter le cadran d'une de ces horloges de village vulgairement appelées *coucous*, qui mêlait son chant monotone aux cris du grillon et aux sifflements de la bise. Bien que la soirée fût peu avancée, il faisait nuit sombre. La chambre n'était éclairée que par la lueur du foyer. La tempête soufflait au dehors.

L'horloge sonna sept heures.

Au septième coup, Christophe et Jean se levèrent brusquement et se prirent à marcher de long en large dans la salle. Une vive anxiété se peignait sur leur visage. Immobile à sa place, Joseph avait redoublé de ferveur dans ses prières. On entendait le grésillement de la pluie qui fouettait les vitres, et la voix furieuse de l'Océan qui se brisait contre les rochers du rivage.

— Mauvais temps! dit Jean.

— Fatal anniversaire! ajouta Christophe. Voici dix-neuf ans qu'à pareil jour, par un temps pareil, notre vieux père et notre jeune frère ont péri dans les flots.

— Dieu veuille avoir leur âme! murmura Joseph en se signant.

— Et voici, jour pour jour, heure pour heure, dix-sept ans que Jérôme est mort, s'écria Jean en hochant la tête.

— C'est vrai, dit Christophe avec un sentiment de terreur religieuse.

— Mon Dieu! s'écria Joseph avec onction,

qu'il vous plaise que ce funeste jour ne nous amène pas quelque nouveau malheur !

En cet instant la porte du salon s'ouvrit, et un serviteur parut sur le seuil. L'eau ruisselait le long de ses cheveux et de ses habits.

— Eh bien ! Yvon, quelle nouvelle ? demandèrent à la fois les trois frères.

— Mes maîtres, rien de nouveau, répondit Yvon d'un air consterné. Nous avons battu la côte depuis Bignic jusqu'à la Hérissière, où nous avons perdu les traces de notre jeune maîtresse. Ce matin, à Bignic, on l'a vue passer à cheval. Il faut qu'entre les deux villages mademoiselle se soit jetée dans les terres, à moins que, profitant de la basse marée, elle n'ait quitté la côte pour prendre par les brisants.

— Dans ce dernier cas, nous sommes tous perdus, s'écria Christophe avec désespoir.

— Il est plus probable, reprit Yvon, que

mademoiselle, surprise par le grain, se sera réfugiée sous quelque toit des environs.

— Non, dit Jean; elle n'est point fille à fuir le danger. Si elle vit, elle est en selle et galope pour venir à nous.

Un coup de vent ébranla les portes et les fenêtres, et on entendit les tuiles de la toiture qui volaient en éclats.

— Que le ciel la protége! s'écria Joseph en tombant à genoux.

Yvon s'étant retiré, une assez vive altercation éclata entre le frère Jean et le frère Christophe. Ils commencèrent par s'accuser réciproquement de l'étrange façon dont Jeanne avait été élevée, ils finirent par reconnaître qu'ils n'étaient en ceci blâmables ni l'un ni l'autre et que tous les reproches revenaient de droit à Joseph. Ce point une fois établi, on put voir en action la fable du loup et de l'agneau se désaltérant dans le courant d'une onde pure;

seulement, cette fois, au lieu d'un loup il s'en trouvait deux.

— Tu le vois, malheureux ! s'écria Jean en laissant tomber sur Joseph la foudre de son regard, voici le résultat de la belle éducation que tu as donnée à cette enfant, voici le fruit de tes lâches condescendances et de ton aveugle tendresse?

— Mais, mon frère Jean... répondit timidement Joseph.

— Tais-toi! s'écria Christophe en le poussant par les épaules; c'est toi qui as fait tout le mal!

—Mais, mon frère Christophe... répliqua humblement Joseph.

— Réponds, s'écria Jean; dans quelle autre famille que la nôtre voit-on des filles de seize ans partir seules, le matin, à cheval, courir les champs à l'aventure, et ne rentrer au gîte que le soir?

— Plût à Dieu qu'elle fût rentrée! dit Joseph. Mais, mon frère Jean, le cheval que Jeanne essaie aujourd'hui, c'est vous qui, malgré moi, le lui avez donné.

— Ah! mille tonnerres! je l'avais oublié, s'écria Jean en se frappant le front; une bête toute jeune, ardente, ombrageuse, à peine domptée! s'il arrive malheur à cette enfant, c'est à toi, scélérat, que je m'en prendrai.

— Tu réponds d'elle sur ta tête, ajouta Christophe en lui secouant le bras.

— Je donnerais avec joie tout mon sang pour vous la conserver, dit Joseph; mais, mon frère Christophe, vous oubliez que c'est vous qui avez fait présent à Jeanne de l'amazone qui lui sert aujourd'hui. N'est-ce pas vous aussi, Christophe, qui l'avez gratifiée d'une selle anglaise?

— Mais, maraud! s'écria Christophe, c'est toi qui l'as gratifiée des défauts et des imperfections qui déparent ses qualités; c'est toi qui l'as encouragée dans tous ses travers ; c'est à toi, c'est à la servilité de tes soins, à la bassesse de tes complaisances, que nous devons de la voir ainsi, capricieuse, fantasque, volontaire...

— Sans déférence pour nous, dit Jean.

— N'en faisant qu'à sa tête, reprit Christophe.

— Se jouant sans pitié de notre tendresse et de notre tranquillité.

— Un diable, enfin !

— Un monstre ! dit Jean en enfonçant résolument ses mains dans ses poches.

— Tu vois bien, bandit, s'écria Christophe, que, s'il lui arrive malheur, ce n'est qu'à toi qu'il s'en faudra prendre !

Joseph essuya le feu de cette double batterie avec la résignation d'un martyr.

— Mes frères, répondit-il timidement, je

ne veux pas examiner jusqu'à quel point, dans les faiblesses que vous me reprochez, vous avez été mes complices. Permettez-moi cependant de vous faire observer que si parfois une voix s'élève ici pour conseiller, diriger, réprimander même l'objet de notre amour, cette voix n'est jamais une autre que la mienne. Si l'on m'eût consulté, si l'on m'eût laissé libre, Jeanne ne serait pas ce qu'elle est aujourd'hui; à cette heure, nous ne tremblerions pas pour une si chère existence. Rappelez-vous, mes frères, que j'ai toujours blâmé le goût des exercices violents que vous vous êtes plu à développer en elle. Que de fois, en cherchant à l'en détourner, n'ai-je pas encouru votre colère! Il m'eût été doux de voir à notre foyer une fille pieuse et modeste, gardienne de la maison, vouée au culte paisible des vertus domestiques : si j'ai failli dans mon espoir, Dieu sait que ce n'est pas ma faute. N'est-ce pas vous, mes frères, qui l'avez élevée comme une jeune guerrière? Moi, lui ai-je enseigné autre chose que l'amour des arts et le goût des saintes études?

— C'est-à-dire, maître cagot, s'écria Jean en haussant les épaules, que, si l'on vous eût laissé faire, nous aurions à notre foyer une bégueule, confite en dévotion, qui nous étourdirait du matin au soir de ses sermons et de ses *oremus*.

— Mon frère, répliqua Joseph, pensez-vous qu'il soit préférable d'avoir à trembler sans cesse pour la plus chère partie de nous-mêmes ?

— C'est bon, c'est bon, dit Christophe d'un ton d'autorité brutale. D'ailleurs, tout cela va changer; je suis las de voir une enfant faire ici la loi et nous mener, tranchons le mot, par le bout du nez. Je me charge de lui parler d'une rude façon.

— Et moi, dit Jean, de lui tracer une ligne de conduite un peu différente de celle qu'elle a suivie jusqu'à présent.

— Écoutez ! s'écria Joseph en se levant par un brusque mouvement d'épouvante.

C'était la tempête qui redoublait de furie. Les vagues s'engouffraient avec un horrible fracas dans les criques et dans les anfractuosités des rochers qui bordent le rivage. Bien qu'on fût au mois de février, la foudre grondait, et l'on pouvait voir, à la lueur des éclairs, la mer qui roulait des montagnes.

Les trois Legoff restèrent immobiles d'effroi. L'horloge sonna huit heures.

— Allons, mes frères, dit Joseph, c'est perdre trop de temps en paroles. Qu'on allume des torches et que tous nos serviteurs viennent avec nous explorer la côte et les environs !

Mais, comme ils se préparaient à sortir, un violent coup de marteau ébranla la porte du château ; presque en même temps le pavé de la cour résonna sous les pas d'un cheval, et la maison tout entière retentit d'aboiements joyeux.

— Que le saint nom de Dieu soit béni ! s'écria Joseph dans un pieux transport de joie et de reconnaissance.

Jean et Christophe étouffèrent l'élan de leur cœur, et s'apprêtèrent à recevoir la jeune fille selon ses mérites. Effrayé de l'expression de sévérité qui assombrissait leur visage :

— Mes frères, dit Joseph, soyons indulgents encore une fois. Ne traitons pas cette enfant avec une rudesse à laquelle nous ne l'avons pas habituée. C'est une âme susceptible et tendre qu'il faut craindre d'effaroucher.

— Tu vas voir, dit Christophe à Jean, ce chien couchant lui lécher les pieds.

Joseph voulut insister; mais tout à coup deux grands lévriers se précipitèrent dans le salon, sautèrent follement sur les meubles, se roulèrent sur le tapis, puis s'échappèrent brusquement pour revenir presque aussitôt, escortant de leurs gambades l'entrée de leur jeune maîtresse.

Elle entra, calme et souriante, la cravache au poing.

C'était une grande et belle fille, regard fier, taille élancée, peau brune, fine et transparente. Elle n'avait pas la frêle délicatesse de ces fleurs de salon auxquelles il faut ménager avec soin les baisers du soleil et les caresses de la brise; on eût dit plutôt, en la voyant, une de ces plantes sauvages et vivaces qui aiment le grand air et s'épanouissent en plein vent. Chez elle, toutefois, la vigueur n'excluait point la grâce, et ce qu'il y avait d'un peu viril dans le charme de sa personne s'adoucissait au suave éclat de la jeunesse qui rayonnait sur son front et sur son visage. Peut-être aurait-on pu déjà lire dans ses yeux quelque chose d'inquiet et de rêveur, premier trouble de l'âme et des sens qui s'ignorent; mais elle avait encore la bouche rose et volontaire d'un enfant capricieux et mutin. Ses cheveux noirs, déroulés par la pluie, pendaient en spirales humides le long de ses joues. Elle était coiffée d'une casquette de velours ; une amazone d'un goût sévère enveloppait tout entier son corps souple, élégant et flexible.

Elle alla droit au frère Jean, qu'elle embrassa, en disant : Bonsoir, mon oncle Jean; puis elle embrassa le frère Christophe, en disant : Bonsoir, mon oncle Christophe; enfin elle embrassa le frère Joseph, en disant : Bonsoir, mon oncle Joseph. Cela fait, elle s'approcha du foyer, et tout en présentant l'un après l'autre ses deux petits pieds à la flamme :

— Qu'est-ce donc, mes oncles? demanda Jeanne; on dit que vous étiez inquiets de votre nièce? A Bignic, il n'est bruit que du trouble que mon absence a jeté dans votre maison.

— C'est, dit Jean, ce poltron de Joseph qui se met toujours de sottes idées en tête. Il s'est imaginé qu'à cause de la tempête la côte n'était point sûre, et que tes jours étaient en danger.

— La tempête! s'écria la jeune fille : il fait un temps charmant, Joseph.

— C'est ce que je me suis tué à lui dire, répliqua Christophe ; mais tu le connais, intrépide comme un lapin et brave comme une poule : pour peu qu'il entende soupirer le vent, il croit que c'est la fin du monde. Et puis, il s'effrayait à cause de ce cheval que tu montais pour la première fois.

— C'est un agneau, dit Jeanne.

— C'est précisément ce que je lui disais, s'écria Jean : un agneau, un pauvre mouton bridé! Mais, depuis qu'un âne au trot lui a fait mordre la poussière, maître Joseph a voué une haine implacable aux chevaux.

— Chère enfant, dit Joseph, il n'est que trop vrai, tu as été pour nous la cause d'un grand trouble et d'une vive inquiétude. Si tu nous aimes, ma Jeanne chérie, tu te montreras désormais plus soigneuse de notre bonheur.

— Peste soit du butor! s'écria Christophe avec humeur; ne va-t-il pas sermonner cette enfant? Mais en quel état te voici, ma petite Jeanne! ajouta-t-il en soulevant les plis de l'amazone alourdie par la pluie.

— Tes mains sont glacées, dit Jean; tes pieds fument comme en été les champs au lever du soleil. Mais, Jeanne, tu te soutiens à peine, ajouta-t-il avec effroi; tu pâlis, tes jambes fléchissent. Tu vois, dit-il en s'adressant à Joseph, voici le résultat de tes brutales remontrances.

Christophe approcha l'unique fauteuil du salon; Jean y fit asseoir la jeune fille; puis tous deux, Christophe et Jean, disparurent chacun de son côté, laissant Jeanne seule avec Joseph.

— Ce n'est rien, mon bon Joseph, dit-elle en lui tendant la main; l'émotion de la course, voilà tout. Ce cheval, à vrai dire, allait comme la foudre! Il faut convenir aussi qu'il vente agréablement sur la côte.

— Cruelle enfant! dit Joseph d'un ton de

reproche affectueux, en lui baisant tendrement les doigts; ce n'est pas ainsi que je te voudrais voir, ma Jeanne bien-aimée.

— Que veux-tu, Joseph? s'écria-t-elle avec un geste d'impatience. Depuis quelque temps je ne sais pas ce qui se passe en moi. Pourrais-tu me dire quel démon me pousse et m'agite? D'où vient cette fièvre qui me dévore, ce besoin de mouvement qui me consume, cette ardeur, jusqu'alors inconnue, qui me fait chercher le danger? Aujourd'hui, par exemple, aujourd'hui j'étais folle. Comment ne me suis-je pas rompu vingt fois le col? C'est que sans doute tu priais pour moi. Ce n'est pas tout : il y a des instants où je suis triste sans savoir pourquoi; d'autres, le croirais-tu? où je me surprends à pleurer sans pouvoir deviner la source de mes larmes. Tiens, mon pauvre Joseph, je crois que je m'ennuie. Ne me gronde pas. Tout ce que tu pourrais me dire là-dessus, je me le suis dit à moi-même. Vous m'aimez, vous êtes bons tous trois, vous n'avez d'autre soin que celui de me plaire. Le matin, vous vous disputez mon premier regard, et le soir, mon dernier sourire. Vous allez au-devant de mes fantaisies; vous guettez mes caprices pour les satisfaire. Enfin, vous m'aimez tant, qu'il ne m'est jamais arrivé, je le dis à ma honte, de pleurer ma mère que je n'ai pas connue. Eh bien! je m'ennuie, Joseph : je suis ingrate, je le sais, je le sens; mais je m'ennuie, c'est plus fort que moi.

— Jeanne, Jeanne, que vous voici changée! s'écria Joseph en soupirant. Qu'est devenu le temps où l'étude remplissait tes jours? Qu'as-tu fait de ces jours heureux où la lecture d'un livre aimé suffisait aux besoins de ton cœur et de ton esprit?

— Maudits soient-ils, les livres aimés! s'écria la jeune fille avec un mouvement de colère; pourquoi les as-tu laissés pénétrer sous ce toit? Ce sont eux qui m'ont appris que le monde ne finit pas à notre horizon, que le soleil n'a pas été créé seulement pour illuminer Bignic, et qu'enfin il est encore quelque chose par delà cette mer et par delà ces champs qui nous cerclent de toute part.

— Enfant, tais-toi! dit Joseph; garde-toi d'alarmer la tendresse de Christophe et de Jean; ménage ces deux excellents cœurs, qu'il te suffise d'avoir troublé le mien.

— Christophe et Jean ne me comprendraient pas; je ne me comprends pas moi-même. Si je trouble ton cœur, c'est que ton cœur est le seul que je puisse interroger. Dans le tumulte d'idées et de sentiments qui m'assiégent, à qui m'adresserai-je, si ce n'est à toi, mon guide, mon conseil, mon maître en toutes choses, qui m'as faite ce que je suis? J'ai pensé que toi, qui sais tout, tu pourrais m'expliquer l'état de mon âme. Pourquoi suis-je ainsi, Joseph? Tiens, par exemple, je me lève chaque matin remplie d'ardeur et d'espérance : ce que j'espère, je l'ignore; mais je sens la vie qui m'inonde; il me semble que le jour qui commence me doit révéler je ne sais quoi d'inconnu que j'attends. Les heures passent dans cette attente, et j'arrive au soir, triste, découragée, irritée de voir que le jour qui vient de s'écouler ne m'a rien apporté de nouveau, et qu'il s'est écoulé tout pareil au jour de la veille. Je ne manque de rien; vous ne me laissez même pas le temps de désirer. Ma volonté fait votre loi. Fut-il jamais enfant plus gâtée que moi sous le ciel? Je me demande parfois si vous n'avez pas entre les mains la baguette enchantée de cette fée dont tu me contais l'histoire pour m'endormir, quand j'étais au berceau. D'où viennent donc, Joseph, dis-moi, d'où peuvent venir cette vague attente d'un bien que je ne connais pas, cette aspiration sans but, ce mystérieux espoir toujours déçu et toujours renaissant?

A ces mots, la jeune fille attacha sur Joseph un regard inquiet et curieux; mais Joseph ne répondit pas. Il demeura silencieux, les pieds sur les chenets et les yeux fixés sur la braise.

Christophe et Jean rentrèrent bientôt dans la salle.

Jean portait gravement un plateau chargé d'un verre de cristal et d'un flacon de vin d'Espagne. Christophe tenait au bout de ses doigts deux pantoufles de velours noir doublées de duvet de cygne.

Joseph prit le plateau des mains de son frère, et tandis que Jeanne buvait lentement et à petits coups la liqueur parfumée, Christophe et Jean, à genoux devant elle, délaçaient ses brodequins, et l'aidaient à glisser ses pieds fins et cambrés dans le duvet blanc et soyeux. Cette opération achevée, ils restèrent à la même place, les yeux tournés vers leur idole, assez pareils à deux chiens accroupis, implorant un regard de leur maître. Le gros Christophe avec sa tête énorme, le long et mince Jean avec sa moustache hérissée, avaient l'air l'un d'un bouledogue et l'autre d'un griffon.

A la façon dont la jeune fille recevait ces hommages, on pouvait aisément deviner qu'elle y était depuis long-temps habituée.

Lorsqu'elle eut bien réchauffé ses pieds et ses mains à la flamme, Jeanne se retira dans son appartement, et reparut, au bout de quelques instants, vêtue d'une robe de chambre de cachemire, serrée autour de sa taille par une torsade de soie.

Les trois frères avaient profité de son absence pour faire servir auprès du feu le souper de l'enfant. Elle se mit à table sans façon et se prit à manger de grand appétit, tandis que ses trois oncles la contemplaient avec admiration, et que les deux chiens sautaient autour d'elle pour attraper les miettes du repas. De temps en temps elle adressait aux uns quelques paroles affectueuses, et jetait aux autres quelques os de perdrix à broyer.

— Vous ne fumez pas, mes oncles? demanda-t-elle à Jean et à Christophe.

— Je n'ai plus de tabac, dit Jean.

— J'ai cassé ma pipe, dit Christophe.

La jeune fille tira de sa poche quelques

onces de tabac enveloppées de papier gris qu'elle tendit à Jean, puis une pipe de terre enfermée dans un étui de bois qu'elle offrit à Christophe.

— On pense à vous, dit-elle en souriant. En passant à Bignic, je me suis rappelé que mon oncle Christophe avait cassé sa pipe, et que mon oncle Jean touchait au bout de sa provision. J'ai donc arrêté mon cheval devant la porte du bureau. A l'intérieur on faisait noces et festin; la débitante avait marié, le matin, sa fille Yvonne avec le fils de Thomas le pêcheur. On m'a reconnue; il m'a fallu mettre pied à terre et complimenter les époux. Ils sont jeunes tous deux et gentils : assis l'un près de l'autre, leurs mains entrelacées, ils ne se disaient rien, mais tous deux avaient l'air si heureux, si heureux, que je m'en suis revenue, je ne sais trop pourquoi, le cœur tout agité.

A ces mots, les trois frères se regardèrent à la dérobée.

—Je n'aime pas les gens qui se marient, dit Christophe en fronçant le sourcil.

—Pourquoi donc, mon oncle, ne les aimez-vous pas? demanda Jeanne avec curiosité.

—Pourquoi... pourquoi... balbutia Christophe d'un air embarrassé.

—C'est tout simple, répondit Jean en lâchant un nuage de fumée : parce que le mariage est une institution immorale.

—Immorale! s'écria Jeanne; le mariage une institution immorale! Ce n'est point là ce que m'a enseigné Joseph.

—C'est que Joseph, répondit Jean, est un imbécile imbu de préjugés fâcheux.

—Ce n'est pas non plus, reprit Jeanne, ce que dit au prône M. le curé de Bignic; à l'entendre, le mariage est une institution divine.

—Les curés disent tous la même chose,

répliqua Christophe; mais, la preuve qu'ils n'en pensent pas un mot, c'est qu'aucun d'eux ne se marie.

—Qui se marie? s'écria Jean; personne. Nous sommes-nous mariés, nous autres? Pourtant nous l'aurions pu faire, ce me semble, avec quelque avantage. Nous sommes riches ; il n'y a pas si long-temps que nous étions encore, Christophe et moi, assez galamment tournés. Il s'est trouvé sur mon chemin plus d'une belle, j'ose l'avouer, qui a convoité mon cœur et ma main. Christophe, de son côté, n'a pas dû manquer d'occasions. Nous étions des gaillards! Mais nous avons compris de bonne heure que le célibat est l'état naturel de l'homme et de la femme.

—Enfin, mon père s'est marié, dit Jeanne.

—Ce n'est pas ce qu'il a fait de mieux, répondit Christophe.

—C'est-à-dire, mon oncle, que je suis de trop dans la maison, ajouta la jeune fille en se levant de table avec des larmes dans les yeux.

A ces mots, on l'entoura, on lui prit les mains, on les couvrit de baisers, on affirma qu'on la tenait pour un bienfait et pour une bénédiction du ciel. Christophe, furieux contre lui-même, se tirait les cheveux et se reconnaissait pour un assassin indigne de toute pitié. Jeanne fut obligée de le calmer; elle l'embrassa avec une grâce touchante.

— Comment n'as-tu pas compris, dit Joseph, que tes oncles plaisantaient, et voulaient seulement donner à entendre que tu es encore trop jeune pour t'occuper de ces choses-là?

— Trop jeune! s'écria Jeanne; Yvonne, qui s'est mariée aujourd'hui, n'a que seize ans, et moi, aux pousses nouvelles, j'en aurai dix-sept.

— Oui, répliqua Jean; mais les filles bien élevées ne se marient jamais avant la trentaine.

— Est-ce que je suis bien élevée, moi? demanda d'un air mutin l'impitoyable enfant.

—Ta mère, dit Joseph, avait trente-deux ans lorsqu'elle épousa Jérôme.

La conversation fut interrompue par un violent coup de tonnerre qui ébranla toutes les vitres du château. La tempête continuait avec une furie sans exemple.

—Décidément, dit la jeune fille, voici un mauvais temps pour les pauvres gens qui tiennent la mer.

Au même instant, un serviteur entra et dit qu'on croyait entendre, depuis près d'un quart d'heure, des coups de canon qui partaient sans doute de quelque navire en perdition.

Jeanne et les trois frères prêtèrent une oreille attentive; mais ils n'entendirent que le grondement de la foudre et le bruit des vagues, pareil, en effet, à de sourdes détonations. Christophe donna des ordres pour qu'on allumât la lanterne de la tour.

Jeanne était visiblement préoccupée; ses oncles l'observaient avec anxiété. Organisation délicate, soit qu'elle subît l'influence orageuse du temps, soit qu'elle pressentît à l'insu d'elle-même quelque chose d'étrange près d'éclater dans sa destinée, elle était inquiète, agacée. Elle alla à son piano, promena ses doigts sur le clavier, puis se leva presque aussitôt pour s'approcher d'une fenêtre; après être restée quelques instants, le front collé contre la vitre, à regarder les éclairs qui déchiraient le manteau de la nuit, elle retourna à son piano, essaya de chanter en s'accompagnant, s'interrompit brusquement au bout de quelques mesures, et demeura silencieuse, la tête appuyée sur sa main.

Debout contre la cheminée, les trois frères tenaient leurs regards attachés sur elle.

— Ça va mal, ça va mal! dit Jean avec mystère, en se penchant à l'oreille de Christophe.

—Ce n'est encore qu'une enfant, dit Christophe; essayons de la distraire et de changer le cours de ses idées.

Ils allèrent tous trois près de Jeanne et se groupèrent autour d'elle sans qu'elle parût les apercevoir.

— Tu es triste, ma Jeanne bien-aimée? dit Joseph en lui posant doucement une main sur l'épaule.

Elle tressaillit.

— Triste! moi? s'écria-t-elle en relevant la tête; pourquoi serais-je triste? Je ne suis pas triste, Joseph.

— Jeanne, sais-tu, dit Christophe, qu'il y a bien long-temps que nous ne sommes allés à la pêche?

— La pêche m'ennuie, dit-elle.

— Et la chasse? demanda Jean. Quand irons-nous battre ensemble nos champs et nos guérets?

— La chasse m'ennuie, dit Jeanne.

— Ce matin, après ton départ, nous avons reçu, ajouta Joseph, un ballot de livres et de romances.

— La chasse, la pêche, les livres et les romances, tout cela m'ennuie, répéta Jeanne.

Les trois frères se regardèrent d'un air découragé.

— Voyons, dit Christophe, as-tu quelque désir qui nous ait échappé, quelque fantaisie que nous ayons négligé de satisfaire, quelque caprice que nous n'ayons pas su deviner?

— Peut-être, reprit Jean, n'es-tu pas satisfaite des dernières parures qui sont arrivées de Paris?

— Si ton manchon d'hermine te déplaît, s'écria Christophe, il faut nous l'avouer.

— Je gagerais, moi, s'écria Jean en se frottant les mains, qu'elle a envie d'un nouveau cachemire?

— D'un cheval arabe? dit Christophe.

— D'un fusil à deux coups ? demanda Jean.

— D'un épi de diamants ?

— D'une paire de pistolets ?

A chacune de ces questions, Jeanne secouait la tête d'un petit air dédaigneux et boudeur.

— Mais, mille millions de tonnerres ! s'écria Christophe aux abois, que te faut-il ? de quoi as-tu envie ? Quoi que ce soit, je te le donnerai, dussé-je pour cela remonter sur le brick *la Vaillance* et faire à moi seul la guerre au monde entier ! Parle, commande, ordonne ; veux-tu que j'apporte tous les trésors de l'Inde à tes pieds ?

— As-tu envie d'une étoile du firmament ? s'écria Jean, qui ne voulut pas se laisser vaincre en générosité ; j'irai la demander pour toi au Père éternel, et, s'il refuse, je la décrocherai du bout de mon épée, et reviendrai te la mettre au front.

Joseph dit à son tour en se penchant vers Jeanne :

— Si tu voulais à ta ceinture une des fleurs qui croissent sur la cime des Alpes, enfant, j'irais te la chercher.

A toutes ces questions, la jeune fille était restée muette, et ne semblait pas pressée de répondre, quand tout d'un coup elle se leva, le front pâle, l'œil étincelant.

— Entendez-vous ! entendez-vous ! cria-t-elle.

Elle courut, ouvrit une fenêtre qui donnait sur la mer, et tous quatre demeurèrent immobiles, le regard plongé dans l'abîme.

Après quelques minutes d'un lugubre silence, une pâle lueur blanchit la crête des vagues, et presque en même temps un coup de canon retentit.

II.

Avant d'être ce qu'ils sont aujourd'hui, seigneurs du Coat-d'Or, en pays breton, les Legoff n'étaient qu'une pauvre famille de pêcheurs, vivant tant bien que mal sur la côte. En 1806, cette famille se composait du père Legoff, de sa femme et de quatre fils, taillés en Hercule, bien portant et toujours affamés; sauf le plus jeune, qui tenait de sa mère une nature délicate, que raillaient volontiers les trois autres. Tous trois l'aimaient d'ailleurs, et s'ils se riaient de la faiblesse de leur jeune frère, ils la protégeaient au besoin, de telle sorte que les enfants du village ne se frottaient guère au petit Legoff, qui avait toujours à sa disposition trois gaillards dont les bras n'y allaient pas de main morte.

Dans les premiers jours de l'année 1806, l'aîné partit pour l'armée. Ce fut au mois de novembre de la même année que parut le décret du blocus continental, daté du camp impérial de Berlin. A cette nouvelle, le chef de la famille s'émut. Il était brave, entreprenant, familier avec la mer; les deux fils qui lui restaient, il comptait pour rien le dernier, avaient l'ardeur aventureuse de leur âge. Aidé d'un armateur de Saint-Brieuc, il obtint des lettres de marque, arma le corsaire *la Vaillance* et se prit à battre l'Océan, en compagnie de ses deux fils et de quelques hommes de bonne volonté qu'il avait recrutés à Bignic et aux alentours. Le métier était bon; les Legoff le firent en conscience, c'est-à-dire sans conscience aucune.

On se souvient encore, dans le pays, d'un malheureux brick danois que ces enragés saisirent et déclarèrent de bonne prise, sous prétexte d'une douzaine d'assiettes de porcelaine anglaise qui s'y trouvaient très-innocemment. Mais alors on n'y regardait pas de si près, ou plutôt on y regardait de trop près.

Grâce à la délicatesse de leurs procédés, les Legoff purent, en moins de quelques mois, désintéresser l'armateur de Saint-Brieuc et pirater pour leur propre compte. Pendant ce temps, le petit Legoff, il se nommait Joseph, achevait de grandir près de sa mère, pieuse femme d'un esprit simple et d'un cœur honnête, qui l'élevait dans l'amour de Dieu et des pratiques de l'église. D'une autre part, le curé de Bignic, qui avait pris Joseph en grande affection à cause de son humeur douce et facile, aimait à l'attirer au presbytère et à développer les dispositions naturelles qu'il avait observées en lui. C'est ainsi que le petit Legoff devint le phénix de son endroit; non-seulement il savait lire, écrire, calculer, mais encore il savait un peu de latin, cultivait les lettres, et s'occupait de théologie. Il chantait au lutrin, et le bruit courait à Bignic qu'il n'était pas étranger aux belles choses que M. le curé débitait le dimanche au prône. Le secret désir de sa mère était qu'il entrât dans les ordres; elle en toucha même quelques mots à son mari; mais le père Legoff, qui, quoique Breton, avait eu de tout temps quelques tendances voltairiennes, ayant nettement déclaré qu'il ne voulait pas de *calotin* dans sa famille, la bonne femme dut renoncer à la plus chère de ses ambitions.

Cependant le corsaire rentrait souvent au port, et n'y rentrait jamais que chargé de dépouilles opimes.

Il arriva qu'en 1812 le père Legoff eut une étrange distraction.

Pour fêter une des captures les plus importantes qu'il eût faites jusqu'à ce jour, maître forban avait réuni à sa table les meilleurs marins de son bord. Ce fut un festin formidable. L'amphitryon y donna lui-même l'exemple de la sobriété ; il but comme une éponge, et s'enivra si bien, que neuf mois plus tard la bonne dame Legoff, un peu confuse, accoucha d'un cinquième fils, qui fut baptisé sous le nom d'Hubert.

La pauvre femme ne se releva pas de ce dernier effort. Après avoir traîné quelque temps une vie languissante, elle rendit l'âme entre les bras de Joseph, qui se trouva seul au logis pour l'assister à sa dernière heure. En l'absence de son père et de ses frères, Joseph garda la maison et surveilla l'enfance du nouveau venu avec toute sorte de soins et de tendresse.

Enfin, en 1815, le père Legoff et ses deux fils, Christophe et Jérôme, se décidèrent à jouir paisiblement du fruit de leurs conquêtes. Ils réalisèrent leur fortune, achetèrent le Coat-d'Or, espèce de vieux château perché sur la côte, à un quart de lieue de Bignic, et s'y retirèrent avec Joseph, le petit

Hubert et cinquante mille livres de rente. Depuis la déroute de Russie, on n'avait pas eu de nouvelles de Jean, l'aîné de la famille, et l'on avait tout lieu de croire qu'il avait succombé dans ce grand désastre. Les Legoff se consolaient en voyant le dernier né pousser à vue d'œil. Mais il y avait à peine deux ans que ces braves gens était installés dans leur bonheur, lorsqu'un coup terrible les frappa. Le vieux pirate se plaisait à faire de petites excursions en mer avec son plus jeune fils. Un jour que leur chaloupe avait gagné le large, un ouragan furieux s'éleva, et dès lors on n'entendit plus parler ni du père ni de l'enfant; tous deux furent engloutis par les flots.

On peut juger du désespoir des trois frères; rien ne saurait peindre la désolation de Joseph, qui, ayant élevé lui-même son jeune frère, le regardait comme son enfant.

Le ciel leur réservait une indemnité.

A quelque temps de là, un soir qu'ils étaient assis tous trois devant la porte de leur habitation, et qu'ils s'entretenaient tristement de la perte récente, un pauvre diable s'approcha d'eux, mal vêtu, presque nu-pieds, appuyé sur un bâton d'épine. Une barbe épaisse cachait à moitié son visage; bien que jeune encore, il semblait courbé sous le fardeau des ans. Les trois frères le prirent d'abord pour un mendiant, et Joseph s'apprêtait à lui donner l'aumône. Lui cependant, après les avoir contemplés en silence, leur dit d'une voix émue :

— Ne me reconnaissez-vous pas?

A ces mots, six grands bras s'ouvrirent pour le recevoir. C'était Jean qui revenait du fond de la Russie, où on l'avait retenu prisonnier. On lui conta tout d'abord ce qui s'était passé durant son absence; aussi la joie du retour fut-elle mêlée d'amertume.

Voici donc nos quatre frères réunis sous le même toit, riches, heureux, n'ayant plus qu'à jouir d'une fortune qui ne doit rien qu'à l'Angleterre; sous ce même ciel qui les a vus naître pauvres et grandir nécessiteux à l'abri du chaume rustique, les voici dans un vieux château seigneurial, maîtres de céans, rois sur cette côte, le long de laquelle ils jetaient autrefois leurs filets et récoltaient le goëmon. Toutefois l'ennui ne tarda pas à les visiter, ni leur intérieur à devenir moins aimable qu'on ne se plairait à l'imaginer.

Comme trois rameaux violemment détachés de leur tronc, Christophe, Jérôme et Joseph ne s'étaient pas relevés du désastre qui avait emporté d'un seul coup la souche et le rejeton de la famille. Cette sombre demeure, que n'égayait plus la verte vieillesse du père ni l'enfance turbulente du dernier né, était devenue morne et désolée comme un tombeau. En perdant le petit Hubert, le logis avait perdu la seule grâce qui l'embellissait. Les trois frères aimaient cet enfant ; Joseph surtout le chérissait d'une tendresse peu commune. Hubert était leur jouet, leur distraction, en même temps que leur espoir. Point portés vers le mariage, voués au célibat par raison autant que par goût, ils avaient mis tous trois sur cette blonde tête l'avenir de leur dynastie. Ils s'étaient reposés sur lui du soin de perpétuer leur race. Quels beaux projets n'avait-on pas formés autour de son berceau ! Quels doux rêves n'avait-on pas caressés, le soir, aux lueurs de l'âtre, tandis que le bambin grimpait aux jambes du vieux corsaire, ou qu'il s'endormait doucement entre les bras du bon Joseph ! De quels soins on se promettait d'entourer sa jeunesse ! Quelle éducation on lui réservait ! Unique héritier de ses frères, à quel riche et brillant parti ne pourrait-il pas prétendre un jour ! Beaux projets et doux rêves balayés par un coup de vent !

Pour comprendre la douleur des Legoff, il faut savoir quel abîme de deuil et de tristesse est dans une maison le vide d'un berceau ; il faut avoir pleuré sur le bord d'un de ces nids froids et silencieux qu'on a vus pleins de gazouillements, de joyeux ébats et de frais sourires.

La présence inespérée de Jean éclaircit ces

teintes funèbres. La joie de se revoir, la surprise de Jean, qui avait laissé une chaumière et qui rentrait dans un château, le bonheur des trois frères en retrouvant leur aîné, qu'ils avaient cru mort; puis, de part et d'autre, les récits merveilleux, les causeries intimes, les épanchements fraternels, tout ne fut d'abord qu'ivresse, enchantement.

Christophe et Jérôme racontèrent leurs prouesses et quelle terrible guerre ils avaient faite au commerce anglais; de son côté Jean raconta ses campagnes et l'histoire de sa captivité. Joseph les écoutait, car il était le seul qui n'eût rien à conter. Tout alla bien durant quelques mois. Jérôme et Christophe étaient de francs marins, Jean était un franc soldat; bons compagnons tous trois, ayant les mêmes goûts, les mêmes sympathies, les mêmes opinions politiques. Cependant, élevés dans le travail, taillés pour la lutte, habitués de bonne heure aux périls d'une existence aventureuse, jeunes tous trois et pleins de vigueur, ils durent en arriver bientôt à se ressentir du malaise qu'engendrent nécessairement chez les organisations de cette trempe le repos et l'oisiveté. C'étaient de braves et honnêtes natures, mais rudes et grossières, incapables de suppléer l'activité du corps par celle de l'intelligence. Les jours étaient longs et longues les soirées. Leur curiosité une fois satisfaite, ils ne surent trop que devenir ni qu'imaginer pour abréger la durée des heures.

Bignic est un assez misérable village, qui ne leur offrait aucune ressource ; Saint-Brieuc ne les attirait guère. N'étant gens ni d'imagination ni de fantaisie, ils se trouvèrent tout aussi embarrassés de l'emploi de leur richesse qu'ils l'étaient de l'emploi de leur temps. Ils avaient gardé la modestie de leurs goûts et la simplicité de leur ancienne condition. Leurs repas n'étaient guère plus somptueux que par le passé; le linge et l'argenterie étaient complétement inconnus sur leur table. L'élégance de leurs vêtements répondait au luxe de leur service ; ils usaient moins d'habits que de vestes, plus de sabots que de souliers.

Quant au château, c'était un abominable bouge. Abandonné durant plus de vingt ans, les murs en étaient humides, les plafonds effondrés, les lambris rongés par les rats. Toutes les cheminées fumaient ; pas une croisée, pas une porte ne fermait. Les Legoff, en s'y venant installer, s'étaient bien gardés de rien changer à un si charmant intérieur ; c'est à peine s'ils avaient osé remplacer par du papier huilé les carreaux qui manquaient à toutes les fenêtres. Quelques meubles de première nécessité grelottaient çà et là dans de vastes salles froides et sans parquet. Joseph, qui avait des instincts distingués, et à un haut degré le sentiment de l'ordre et de l'harmonie qui manquait essentiellement à ses frères, s'était efforcé de mettre la maison sur un pied plus convenable ; mais on l'avait prié brutalement de garder pour lui ses avis, ce qu'il avait fait sans murmurer, avec sa résignation habituelle. Ce n'était pas que ces braves gens fussent avares, bien loin de là; seulement, nés dans la pauvreté, ils manquaient complétement d'un sens qu'on pourrait appeler le sens de la fortune.

Ce qu'il y avait de plus triste dans l'arrangement de leur vie, c'est que, pour se venger du temps où ils n'avaient pas d'autres serviteurs que chacun ses deux bras, ils s'étaient avisés de prendre une demi-douzaine de domestiques, qui se trouvaient en réalité n'avoir d'autre occupation que celle de voler leurs maîtres. C'était le seul tribut qu'ils payassent à cet orgueil de parvenus, à cette vanité de paraître qui atteignent toujours sur quelque point les meilleurs esprits. C'était aussi le seul moyen qu'ils eussent de se convaincre eux-mêmes du changement de leur condition, car, à vrai dire, ils n'en avaient pas d'autres révélations que le bruit que faisait cette valetaille et le pillage qu'elle exerçait dans la maison.

L'oisiveté les jeta dans l'ennui; l'ennui les poussa naturellement dans la voie des distractions vulgaires. Ils se mirent à boire, à fumer, à jouer aux cartes; leur demeure devint peu à peu une espèce de taverne, point de réunion de tous les mauvais garnements du pays. Christophe et Jérôme attirèrent les anciens marins de leur bord; Jean recruta tous les vieux grognards qu'il put découvrir à dix lieues à la ronde; chaque jour, on put voir au Coat-d'Or l'armée de terre et l'armée de mer fraterniser le verre à la main. Encore, s'ils s'en étaient tenus à fraterniser! mais, ainsi qu'il arrive à coup sûr entre gens désœuvrés, la désunion s'était glissée entre le soldat et les deux marins. Bien qu'il fût revenu de ses campagnes dans un assez piètre équipage, Jean avait pris tout d'abord des airs de vainqueur et de conquérant : bavard, hâbleur par excellence, affectant des prétentions au fin langage et aux belles manières, profondément pénétré du sentiment de son importance, il n'avait pas attendu long-temps pour en accabler ses deux frères. A l'entendre, il avait vécu dans l'intimité de l'Empereur, qui ne pouvait se passer de lui et le consultait dans les circonstances difficiles. Ajoutez à tant d'impudence qu'il ne se gênait point pour témoigner à ses frères le peu d'estime qu'il faisait du métier qui les avait enrichis, ni pour leur donner à entendre qu'ils n'étaient, à tout prendre, que des pirates et des voleurs.

Jérôme et Christophe commencèrent par se dire que leur aîné abusait quelque peu de leur crédulité; ils finirent par s'indigner de le voir trancher du grand seigneur, dans ce château où il n'avait eu que la peine d'entrer, où il était entré sans habits, presque sans souliers. Un beau jour, la guerre éclata. Jean ne disait pas précisément aux corsaires qu'ils n'étaient que des mécréants ayant vingt fois pour une mérité la corde ou les galères; Christophe et Jérôme ne disaient pas précisément au soldat qu'il n'était qu'un va-nu-pieds qui mendierait son pain, si ses frères ne se fussent chargés du soin de lui gagner des rentes. Mais ces petits compliments réciproques étaient toujours implicitement renfermés dans les débats qu'ils entamaient, sous prétexte de décider laquelle des deux l'emportait sur l'autre, de l'armée ou de la marine, et qui devait céder le pas, du drapeau ou du pavillon. A voir l'acharnement qu'ils y mettaient, on eût dit d'une part Jean Bart et Dugay-Trouin, de l'autre Turenne et le grand Condé, se disputant l'honneur d'avoir sauvé la France. Christophe et Jérôme se vantaient de tous les exploits de la marine française et reprochaient à Jean tous les désastres qui avaient amené la chute de l'empire; à son tour, Jean prenait sur son compte toutes les victoires de l'Empereur et accusait ses frères de toutes les défaites que la France avait essuyées sur les flots. On comprend aisément quel échange de gracieusetés devait entraîner une pareille polémique, entre gens qui maniaient la parole avec autant d'aménité qu'ils en mettaient autrefois à jouer de la carabine et de la hache d'abordage.

Mais c'était surtout lorsqu'ils se trouvaient en présence, Christophe et Jérôme avec leurs anciens corsaires, Jean avec les débris de la grande-armée qu'il était parvenu à ramasser de côté et d'autre, c'était surtout alors que ces discussions, échauffées par le vin, par l'eau-de-vie et par la fumée, enfantaient des luttes véritablement homériques. Ces séances orageuses débutaient toujours par une tendre fraternité : on commençait par porter des toasts à la gloire de l'Empereur, à la ruine de l'Angleterre; on s'embrassait, on buvait à pleins verres; mais il ne fallait qu'un mot pour rompre ce touchant accord. A ce mot, jeté dans la conversation comme une étincelle dans une poudrière, les passions rivales s'allumaient, éclataient, et, l'ivresse aidant, arrivaient à des tempêtes qui couvraient parfois la voix de l'Océan. Les marins battaient les soldats à Waterloo, les soldats battaient les marins à Aboukir. De chaque côté, on criait, on brisait les verres, on se lançait de temps en temps les bouteilles vides à la tête, et cela durait jusqu'à ce que vainqueurs et vaincus roulassent sous la table ivres-morts.

Or, Joseph vivait dans cet antre, comme

un ange dans un repaire de damnés. A le voir sous le manteau de la cheminée, avec ses cheveux blonds et son doux visage, dans une attitude triste et songeuse, tandis que ses frères, assis autour d'une table chargée de verres et de bouteilles, jouaient, s'enivraient, fumaient et juraient, n'eût-on pas dit en effet un ange d'Albert Dürer dans une kermesse de Teniers, contemplant d'un air de mélancolique pitié la joie bruyante des buveurs? Imaginez encore un daim dans une tanière de loups, un ramier dans une aire de vautours. D'ailleurs, il n'assistait guère à ces scènes d'orgie que pour tâcher d'intervenir entre les partis, lorsque, l'ivresse étant à son comble, on en venait à se jeter l'injure et les flacons au nez. Parfois il réussissait à calmer ces emportements; plus souvent il en était victime, heureux alors lorsqu'on se contentait de lui faire avaler de force quelques verres de rhum ou qu'on l'envoyait coucher en le poussant par les épaules.

A part ces incidents, qui n'auraient été que burlesques sans le spectacle affligeant qui les accompagnait, la vie de Joseph s'écoulait pleine de calme et de recueillement.

Il s'était arrangé, dans la partie la plus élevée de la tour, un nid d'où l'on ne voyait, d'où l'on n'entendait que les flots. Rien n'y respirait le luxe ou l'élégance, mais un gracieux et poétique instinct s'y révélait en toutes choses. Les murs étaient cachés par des cadres de papillons et de scarabées; par des rayons chargés de livres, de minéraux, de plantes desséchées et de coquillages. Au-dessus du lit, blanc et modeste comme la couche d'une vierge, pendaient un christ d'ivoire et un petit bénitier surmonté d'un rameau de buis. Près du chevet, un violoncelle dormait debout dans son étui de bois peint en noir. Une table couverte de palettes de porcelaine occupait le milieu de la chambre. Tous les meubles étaient de noyer, mais si propres et si luisants, qu'on pouvait aisément s'y mirer. Une natte des Indes étendait sur le carreau son fin tissu de joncs. Le plafond, remplacé par une glace sans tain, que les goëlands effleuraient parfois du bout de leurs ailes, laissait voir la voûte céleste, tantôt bleue, tantôt voilée de nuages.

C'était dans ce réduit que Joseph partageait ses jours entre l'étude, la lecture, les arts et les exercices pieux. Il aimait les poètes et composait lui-même dans la langue de son pays de chastes poésies, suaves parfums qu'il ne confiait qu'aux brises marines. Il jouait du violoncelle avec âme et peignait avec goût les fleurs qu'il cultivait lui-même. L'amour divin suffisait aux besoins de son cœur, et c'était au ciel que remontaient les trésors de tendresse qu'il en avait reçus. Jamais aucun désir n'avait altéré la sérénité de ses pensées; jamais aucune image décevante n'avait troublé la limpidité de son regard; tous [ses rêves s'envolaient vers Dieu. Il ne manquait jamais d'aller, le dimanche, entendre la messe et les vêpres à Bignic. On l'adorait au village et aux alentours, au rebours de ses frères, qu'on n'aimait pas, à cause de leur fortune qu'on enviait, et dont l'origine, au dire de quelques-uns, faisait plus d'honneur à leur courage qu'à leur probité. Joseph lui-même n'était pas là-dessus sans quelques remords. Il avait poussé les scrupules jusqu'à consulter le curé de Bignic, pour savoir, s'il pouvait, sans démériter de Dieu, accepter la part de butin qui lui revenait dans la succession de son père, ajoutant qu'il y renoncerait et qu'il vivrait de son travail avec joie, plutôt que de s'exposer à offenser son divin maître; ce qu'il aurait fait à coup sûr, si le vieux pasteur ne l'en eût détourné en l'exhortant toutefois à sanctifier son héritage par de bonnes œuvres, et à rendre aux pauvres ce que son père avait pris aux riches. Pour en agir ainsi, Joseph n'avait pas attendu l'exhortation du bon pasteur; les malheureux le bénissaient. Sur l'emplacement de la cabane où il était né, il avait fait élever une chapelle et y avait fondé à perpétuité douze messes par an pour le repos de l'âme de son père. Il avait aussi fondé à Bignic une école primaire et un hospice de dix lits pour les marins infirmes et les pauvres pêcheurs.

On pense bien qu'une si pieuse vie lui attirait au logis des sarcasmes sans fin, surtout de la part de Jean, qui, en sa qualité d'ex-caporal de la grande armée, faisait profession de ne croire ni à Dieu ni au diable. A la longue, ces tendances irréligieuses ayant gagné Christophe et Jérôme, Joseph dut se voir en butte à toutes les plaisanteries de bord et de corps-de-garde que les trois frères purent imaginer.

Par exemple, ils n'avaient pas de plus grand bonheur que de lui faire manquer l'heure de la messe, ou bien de chanter devant lui des chansons qui n'étaient pas précisément des cantiques, ou bien encore de l'amener, par quelque ruse plus ou moins ingénieuse, à manger de la viande un vendredi. Ils se vengeaient ainsi de sa supériorité, qu'ils subissaient sans se l'avouer, tout en refusant de la reconnaître. Ils l'aimaient au fond et n'auraient pas souffert qu'on touchât à un seul cheveu de sa tête; seulement ils lui en voulaient, à leur insu, de ne se point ennuyer comme eux.

Rien ne les irritait surtout comme de le surprendre un livre à la main. Jean le traitait alors de caffard, les deux autres de pédant et de cuistre. Un jour, ils avaient profité de son absence pour s'introduire dans sa chambre, avec l'intention de jeter au feu tous ses livres; mais en reconnaissant, suspendus comme des reliques au-dessus du chevet de Joseph, la caline de flanelle et le mantelet d'indienne que portait autrefois leur mère, ces barbares avaient été saisis d'un religieux respect, et s'étaient retirés confus, sans avoir osé mettre leur projet à exécution. Joseph supportait avec une patience angélique toutes les avanies qu'il plaisait à ses frères de lui infliger. Son plus grand chagrin était de ne plus pouvoir attirer au château le vieux curé de Bignic, qu'il aimait et qu'il vénérait. Il avait dû renoncer au bonheur de le recevoir, sous peine de l'exposer aux spirituelles railleries que le terrible caporal ne lui aurait point épargnées.

Cependant le désordre allait croissant. Jean,

Christophe et Jérôme en étaient arrivés à perdre toute réserve et toute retenue, et le Coat-d'Or à ressembler exactement à un cabaret un jour de foire; il n'y manquait qu'un bouchon à la porte. On y tenait table ouverte et on s'y grisait du matin au soir, quelquefois même du soir au matin. La meilleure partie des revenus de la maison s'écoulait en vins et en liqueurs de toute sorte; en même temps, on y jouait gros jeu, si bien que ce saint lieu faisait le double office d'auberge et de tripot. Les domestiques imitaient leurs maîtres, et la cuisine avait ses saturnales aussi bien et mieux que l'antique Rome. Bref, au bout de quelques mois, la place n'était plus tenable, et Joseph, après avoir essayé à plusieurs reprises, et toujours vainement, de ramener ses frères dans une meilleure voie, songea sérieusement à se retirer de cet enfer pour aller vivre seul au village voisin.

Toutefois, avant de se décider à prendre un parti qui n'eût pas manqué de déconsidérer ses frères et d'attirer sur eux le mépris des honnêtes gens, il voulut tenter un dernier effort et tâcher encore une fois de rendre ces malheureux à de plus louables sentiments.

Il alla trouver d'abord le curé de Bignic, et, après s'être consulté avec lui sur les plaies de son intérieur, il revint avec un remède qu'il ne s'agissait plus que de proposer et de faire agréer à ces âmes malades.

Long-temps il hésita; il savait d'avance que de répulsion il allait rencontrer, que d'antipathies il aurait à combattre. Cependant c'était le seul remède à tant de maux, la seule chance de salut qui restât à ces égarés. Mais comment les gagner à son avis? Par quel charme soumettre et amollir ces esprits rebelles et ces cœurs endurcis? Un soir enfin, il pensa que l'heure propice était venue. C'était un soir d'automne. Tous quatre se tenaient assis devant une flamme claire et joyeuse, Joseph silencieux et songeur comme de coutume, les trois autres pâles, souffrants, et un peu honteux d'une abominable orgie qu'ils avaient consommée la veille. On les avait relevés ivres-morts pour les porter chacun dans son lit, et, bien qu'ils eussent un estomac à digérer l'acier et un front habitué depuis long-temps à ne s'empourprer que des feux de l'ivresse, ils se sentaient doublement mal à l'aise; et quand Joseph tournait vers eux son doux et limpide regard, la rougeur leur montait au visage.

Joseph, qui les observait, pensa donc, avec raison peut-être, que c'était le cas ou jamais de risquer sa proposition. Après avoir prié Dieu de l'inspirer et de le soutenir, au moment où Christophe, Jérôme et Jean secouaient la cendre de leurs pipes et se préparaient à s'aller coucher, le 15 octobre de l'année 1818, à la neuvième heure du soir, Joseph prit la parole, et d'une voix qu'il s'efforça de rendre ferme :

— Mes frères, dit-il, nous menons une triste vie, triste devant Dieu, triste devant les hommes. Que dirait notre sainte mère, si elle était encore au milieu de nous? Quelle doit être sa douleur, toutes les fois que du haut du ciel elle abaisse les yeux sur ses fils!

A ce début, ils restèrent silencieux et confus, car, au milieu de leurs égarements, ils avaient gardé pour le souvenir de leur mère un profond sentiment d'amour et de vénération. Jean fut bien tenté de répondre par quelque impiété; mais Christophe le prévint et lui dit d'un ton brusque :

— Jean, respecte ta mère; elle valait mieux que nous.

— Mes frères, reprit Joseph avec plus d'assurance, c'est surtout par nos actions qu'il conviendrait d'honorer sa mémoire. Hélas! si Dieu nous la rendait, pourrait-elle reconnaître en nous ces enfants qu'elle avait élevés dans l'accomplissement rigoureux de tous les devoirs de la pauvreté? Jérôme, est-ce toi? dirait-elle de cette douce voix dont l'harmonie vibre encore dans nos cœurs; est-ce toi, mon bien-aimé Christophe? est-ce toi, Jean, mon premier-né, l'enfant de ma prédilection, le premier fruit qui fit tressaillir mes entrailles? Est-ce mes quatre fils que je retrouve ainsi, eux qui promettaient de grandir pour être un jour l'orgueil et la consolation de ma vieillesse?

Jean mordit sa moustache rousse, Jérôme et Christophe se détournèrent pour essuyer leurs yeux du revers de leur main. Ils avaient du bon, il faut dire aussi que leur estomac, qui se ressentait encore des excès de la veille, les disposait merveilleusement bien à l'attendrissement et au repentir. Ce sont les lendemains d'orgie qui ont fait les anachorètes.

— C'est vrai, dit Christophe, nous vivons comme des sacripants. C'est ce gueux de Jean qui nous a infestés des habitudes de sa vie des camps.

— Halte là! s'écria Jean; à l'armée nous étions cités, l'Empereur et moi, pour notre tempérance. C'est Jérôme, c'est Christophe qui m'ont inoculé les mœurs infâmes de leur vie de bord.

— Voici donc, mes frères, s'écria Joseph en les interrompant, voici à quel point nous en sommes venus ! à nous accuser les uns les autres de nos vices et de nos désordres. Il fut un temps où nous vivions unis, sans querelles et sans discordes, simples et contents comme de braves enfants du bon Dieu. Nous étions pauvres alors, mais le travail remplissait nos jours, et chaque soir nous nous endormions dans la joie de nos âmes et dans la paix de notre conscience.

Encouragé par le silence de l'assemblée, Joseph fit une peinture énergique et fidèle de ce qu'était l'intérieur du Coat-d'Or depuis la mort du chef de la famille ; il mesura l'abîme dans lequel s'étaient plongés ses frères ; il leur dévoila l'avenir qui les attendait, s'ils persistaient dans leurs égarements ; il leur prédit la honte et la ruine de leur maison. Il s'exprimait avec une conviction douloureuse. Christophe et Jérôme l'écoutaient d'un air humble : Jean, lui-même, ne cherchait plus à cacher son émotion; tous trois entrevoyaient avec épouvante à quel degré d'abaissement ils étaient descendus.

Lorsqu'il se vit maître de son auditoire, dès qu'il comprit qu'il tenait ces trois hommes comme trois grains de sable dans sa main, Joseph s'avança d'un pas plus confiant et plus sûr vers le vrai but de sa harangue.

— Mes frères, poursuivit-il, nous ne sommes pas tombés si bas qu'il nous soit interdit de nous relever. D'ailleurs, il n'est pas d'abîmes d'où la main du Seigneur ne puisse tirer les malheureux qui tendent vers lui leurs bras suppliants.

— Que veux-tu que nous devenions? dit Christophe avec tristesse. Nous aurons beau tendre nos bras : nous ne sommes pas des savants comme toi, nous autres; l'ennui nous dévore et nous tue.

— Je ne suis pas un savant, Christophe, et

plus d'une fois j'ai subi les atteintes du mal qui vous ronge et qui vous consume. J'ai mûrement réfléchi là-dessus. Ce qui nous tue, mes frères, c'est l'absence d'un devoir sérieux qui nous rattache à l'existence, c'est l'égoïsme, c'est l'isolement, c'est qu'en un mot nous ne sommes pas une famille. La famille est comme un arbre éternel et sacré dont le tronc nourrit les rameaux, dont les rameaux communiquent à leur tour la vie à des pousses nouvelles, destinées elles-mêmes à rendre plus tard la sève qu'elles auront reçue. Nous ne sommes, nous autres, que des branches séparées de leur tige, sans racines dans le passé, sans rejetons dans l'avenir. Nous ne tenons à rien, et rien ne tient à nous. Nous ne vivons que par nous et pour nous, mauvaise vie dont nous portons la peine. Dites, ô mes amis, dites si, aux heures de dégoût et de lassitude, vous n'avez jamais rêvé un intérieur plus calme et plus honnête? Dites, mes frères, si, dans l'ivresse même de vos plaisirs, vous n'avez jamais aspiré à des joies plus pures, à des félicités plus parfaites? Souvenez-vous, Chris-

5.

tophe, vous aussi, souvenez-vous, Jérôme, du temps où notre jeune frère remplissait nos cœurs d'allégresse. Par son âge et par sa faiblesse, il était moins notre frère que notre enfant. Rappelez-vous quel charme il répandait autour de nous et de quelle grâce il égayait notre maison. Vous entendez encore les frais éclats de sa voix joyeuse; vous voyez encore sa bouche souriante et ses bras caressants. Comme nous nous plaisions, le soir, à l'endormir sur nos genoux! comme nous nous disputions ses caresses et sa blonde tête à baiser! Comme Jean eût aimé le suspendre à son cou et sentir ses petits doigts roses lui tirer ses longues moustaches!

— A quoi bon, dit Christophe, réveiller ces souvenirs? Hubert est mort; la mer qui nous l'a pris ne nous le rendra pas.

— Dieu peut nous le rendre, mes frères! s'écria Joseph avec entraînement. Que de fois n'ai-je pas vu dans mes songes une femme, chaste créature, venir s'asseoir à notre foyer!

Celui d'entre nous qui l'avait choisie l'appelait du beau nom d'épouse; les trois autres, respectueux et tendres, l'appelaient du doux nom de sœur. Elle entrait grave et sereine, suivie du pieux cortége des vertus domestiques; le bonheur entrait avec elle. Elle avait en même temps la prudence qui dirige, la bonté qui encourage, la raison qui convainc, la grâce qui persuade. Sa seule présence embellissait notre demeure. A sa voix, les passions s'apaisaient; elle rappelait l'ordre exilé et resserrait le lien de nos âmes. Rêve charmant! bientôt de blonds enfants se pressaient autour de l'âtre, et notre mère, ange du ciel, bénissait l'ange de la terre qui nous faisait ces félicités.

Joseph partit de là pour montrer sous leur jour poétique et réel les salutaires influences qu'exercerait la présence d'une épouse au Coat-d'Or; il employa tous les dons de persuasion qu'il avait reçus du ciel, pour prouver à ses frères combien il était urgent que l'un d'eux se mariât, Jean, Christophe ou Jérôme, car

Joseph se mettait tacitement en dehors de la question. Plus chaste que son chaste homonyme des temps bibliques, il n'avait jamais envisagé une autre femme que sa mère, et ses goûts, sa piété, son extrême jeunesse, sa frêle santé, son caractère timide et craintif, le dispensaient si naturellement de descendre dans la lice qu'il ouvrait à ses frères, qu'il ne lui vint même pas à l'esprit de s'en défendre et de s'en expliquer.

Les paroles de Joseph déroulèrent devant les trois frères toute une série d'idées qu'ils n'avaient même pas soupçonnées jusqu'alors. Ils étaient par nature si peu portés vers le mariage, qu'ils ne s'étaient jamais avisés d'y songer. A voir leur surprise, il eût été permis de croire qu'ils avaient jusqu'à ce jour ignoré l'existence du dieu Hymen, et que ce dieu venait de se révéler à eux pour la première fois. De l'étonnement ils passèrent à la réflexion. Les poétiques arguments que Joseph avait développés à l'appui de sa proposition n'avaient guère touché ces trois hommes; mais la perspective des avantages réels et positifs les avait saisis tout d'abord. A parler franchement, ils étaient las et même un peu honteux de la vie qu'ils menaient ; ils s'en accusaient réciproquement et ne demandaient pas mieux que d'en sortir. Aussi la harangue de leur jeune frère éveilla-t-elle en eux plus de sympathies qu'on n'aurait dû raisonnablement s'y attendre. Christophe et Jérôme pensèrent que la présence d'une femme au logis imposerait à Jean ; de son côté, Jean pensa que la présence d'une épouse au Coat-d'Or apporterait nécessairement un frein aux déréglements de Jérôme et de Christophe. Joseph, qui avait compté sur une vive opposition, dut être surpris à son tour de voir avec quelle faveur on accueillait sa proposition.

Ce fut le caporal qui rompit le premier le silence.

— Joseph a raison, dit-il ; il est certain que, si l'un de nous prenait une maîtresse femme qui s'entendît au soin du ménage, les choses ici n'en iraient pas plus mal ; nos domestiques ont changé le Coat-d'Or en un coupe-gorge; nous sommes volés comme au coin d'un bois.

— Sans compter, ajouta Jérôme, que, lorsque nous serons vieux et malades, nous ne serons pas fâchés de trouver à notre chevet une petite mère qui nous soigne et nous fasse de la tisane.

— Et puis, s'écria Christophe, ce sera gentil de voir une femme trotter, comme une souris, dans la maison. Ensuite viendront les bambins; ça crie, ça rit, ça pleure, et, comme dit Joseph, ça vous distrait toujours un peu.

— Ajoutez, dit Jean, que, s'il ne nous pousse pas un héritier, à la mort du dernier survivant notre fortune retourne à l'État.

— C'est pourtant vrai! s'écrièrent à la fois Christophe et Jérôme avec un mouvement de stupeur.

— Décidément, reprit Jean, ce petit Joseph a eu là une excellente idée. D'ailleurs une femme au logis est toujours bonne à quelque chose ; ça va, ça vient, ça veille à tout.

— Ça raccommode le linge, dit Christophe.

— Et ça donne des héritiers, ajouta Jérôme en se frottant les mains.

— Est-ce entendu ? s'écria le caporal.

— Entendu ! répondirent les deux marins.

Jean se leva d'un air solennel, et, s'adressant à Joseph, qui triomphait en silence et craignait seulement que ses frères ne voulussent se marier tous trois :

— C'est une affaire arrêtée, lui dit-il ; il faut que tu sois marié dans un mois.

— Je te donne mon consentement, dit Christophe.

— Et moi, dit Jérôme, ma bénédiction.

A ces mots, le pauvre Joseph devint pâle comme la mort. Il voulut se récrier, mais la soirée était avancée ; les trois frères levèrent brusquement la séance et se retirèrent chacun dans sa chambre, laissant Joseph sous le coup de foudre qu'il venait lui-même d'attirer sur sa tête.

III.

A partir de ce jour, les trois Legoff ne lui laissèrent pas un instant de répit. Vainement il objecta ses goûts, ses habitudes, sa nature timide, ses vœux de chasteté, sa santé délicate, sa constitution débile, Christophe, Jérôme et Jean se montrèrent impitoyables. Après l'avoir harcelé et traqué comme une bête fauve, ils l'attaquèrent par ses bons sentiments ; ils lui donnèrent à entendre qu'il tenait leur salut entre ses mains, et qu'il en répondrait désormais devant Dieu et devant les hommes. Ils le prirent aussi par sa vanité, car, pareille au fluide invisible qui réchauffe le monde et qu'on retrouve partout, dans le silex et jusque sous la glace, la vanité se faufile dans les esprits les moins accessibles; il n'en est pas qui n'en recèle au moins un ou deux grains. Ils lui démontrèrent que, par son éducation autant que par ses manières, il était le seul de la famille qui pût légitimement prétendre à un mariage honorable, en rapport avec leur position. Poussé à bout, Joseph consulta le curé de Bignic, qui lui fit de beaux discours, et lui enjoignit, au nom de Dieu, de se sacrifier pour les siens. Dès lors, sans plus hésiter, il se décida, nouveau Curtius, à se jeter, pour sauver ses frères, dans le gouffre du mariage qu'il avait lui-même imprudemment ouvert sous ses pas.

En ce temps-là, aux alentours de Bignic, dans une ferme isolée qu'elle faisait valoir, vivait seule, sans parents, sans amis, mademoiselle Maxime Rosancoët.

C'était une austère et pieuse fille de trente-deux ans; elle avait quelque fortune, elle avait eu jadis quelque beauté. Il n'est point rare de trouver ainsi, en Bretagne, des filles de bonne maison qui se retirent dans leur ferme, aimant mieux vieillir et mourir dans le célibat que mésallier leur cœur et leur esprit. Comme celle-ci allait, tous les dimanches, entendre la messe à Bignic, Joseph avait fini par la remarquer; et comme elle était la seule femme qu'il eût remarquée durant sa vie entière, qu'en outre elle avait dans la contrée une grande réputation de sainteté et de bienfaisance, quand il fut question pour lui du choix d'une épouse, mademoiselle Rosancoët dut nécessairement se présenter à l'esprit de notre héros.

Il avait été décidé au Coat-d'Or qu'on laisserait à la victime la liberté pleine et entière de choisir l'instrument de son supplice. Joseph ayant nommé mademoiselle Rosancoët, ils allèrent tous quatre la demander en mariage. Ce fut Jean qui porta la parole; mais, voyant qu'il s'embarrassait dans ses phrases, Jérôme l'interrompit et raconta simplement l'histoire, tandis que Joseph, rouge comme un coquelicot et les yeux baissés, ne savait à quel saint se vouer. Jérôme s'exprima comme un franc marin qu'il était. Mademoiselle Rosancoët mêlait à ses idées religieuses des instincts d'abnégation et de dévouement. Elle avait entendu parler des Legoff en général, de Joseph en particulier. L'étrangeté de la proposition ne l'effaroucha point; il faut dire aussi que le curé de Bignic, que Joseph avait consulté en ceci comme en toutes choses, s'était déjà mêlé de cette affaire, et qu'il avait eu, quelques jours auparavant, un long entretien à ce sujet avec la plus pieuse et la plus docile de ses ouailles. Bref, mademoiselle Maxime Rosancoët, après avoir entendu Jérôme, tendit à Joseph sa main et consentit à quitter sa ferme pour aller vivre au Coat-d'Or. On prit jour, séance tenante, pour la signature du contrat, et Joseph, en se retirant, osa baiser le bout des doigts de sa fiancée.

Chemin faisant, tandis que Jean prodiguait à Joseph des encouragements et des consolations :

— Comment la trouves-tu? dit Jérôme à Christophe.

— Et toi? demanda Christophe à Jérôme.

— Point jeune, sacrebleu !

— Point belle, mille tonnerres !

— C'est une vieille frégate désemparée, dit l'un.

— Un vieux brick échoué sur les rivages de l'éternité, dit l'autre.

— Il a fait là un joli choix, notre ami !

— Que le diable l'emporte ! s'écria Christophe. Je parierais que cette péronnelle va nous faire damner au logis.

Ainsi causant, ils arrivèrent au Coat-d'Or.

On s'occupa sans plus tarder de tout disposer pour recevoir dignement la reine de céans. On fit blanchir les murs à la chaux, poser des vitres aux fenêtres et des carreaux où le parquet manquait. Le premier tailleur et le premier bijoutier de Saint-Brieuc furent appelés : on commanda les habits de noces, et Joseph choisit pour sa future une magnifique parure de perles fines. Il s'efforçait de faire bonne contenance; mais plus l'heure fatale approchait, plus le jeune Legoff devenait mélancolique et sombre. Il négligeait ses livres, son violoncelle et jusqu'à ses pieux exercices, pour aller seul errer sur la grève, le front baissé, les yeux mouillés de larmes.

Cependant le jour de la signature du contrat arriva. Dès le matin, Jean, Christophe et Jérôme étaient sur pied, vêtus chacun d'un superbe habit noir, et le cou emprisonné dans l'empois d'une cravate blanche. Tous trois avaient un air passablement railleur et goguenard. Quand l'heure fut venue de se rendre à la ferme de mademoiselle Rosancoët, on appela Joseph, qui n'avait point encore paru; Joseph ne répondit point. On le chercha : point de Joseph !

Faut-il le dire? au moment décisif, il avait senti son courage fléchir, ses forces chanceler. Il s'était échappé le matin, après avoir laissé dans sa chambre quelques lignes touchantes, par lesquelles il annonçait à ses frères qu'il n'avait pas l'énergie de consommer le sacrifice. Il les priait de lui pardonner et promettait de ne jamais reparaître devant leurs yeux. A cette nouvelle, le soldat et les deux marins se regardèrent d'abord d'un air consterné, puis éclatèrent en transports de rage et de colère. Le cas, à vrai dire, était embarrassant. Les paroles étaient engagées; depuis plus d'un mois il n'était question que de ce mariage dans tout le pays. Il s'agissait de sauver l'honneur des Legoff et de ne point porter atteinte à la réputation d'une Rosancoët. Mais que faire et comment s'y prendre? C'est ce qu'aucun d'eux ne put imaginer.

— Je ne sais qu'un moyen, dit Jean en se frappant le front.

— Lequel? demandèrent à la fois les deux frères.

— C'est qu'un de vous deux, répliqua Jean, remplace Joseph et épouse la demoiselle. En fin de compte, celui qui s'y résignera ne sera pas trop à plaindre ; entre nous, c'est un assez beau brin de femme.

— Puisqu'elle te plaît, que ne t'en arranges-tu ? dit Christophe.

— Pourquoi pas Jérôme ? répondit Jean.

— Pourquoi pas Christophe ? riposta Jérôme.

— Pourquoi pas Jean ? s'écria Christophe.

Chacun d'eux avait une excuse. Jean faisait valoir les rhumatismes qu'il avait gagnés en Russie, Jérôme un coup de sabre, Christophe un coup de feu, qu'ils avaient reçus l'un et l'autre à leur bord. Ainsi, durant près d'une heure, ils se renvoyèrent la pauvre fille comme une balle ou comme un volant, non sans accompagner cet exercice de blasphèmes contre Joseph, ni sans appeler sur sa tête toutes les malédictions de l'enfer.

Cependant le temps fuyait : mademoiselle Rosancoët attendait.

— Eh bien ! s'écria Jean, que le sort en décide !

Aussitôt dit, aussitôt fait. Chacun écrivit son nom sur un carré de papier qu'il roula entre ses doigts, puis qu'il déposa dans la casquette de Christophe.

Cette opération achevée, les trois frères croisèrent leurs mains droites sur l'urne fatale, et chacun s'engagea par serment à se soumettre sans murmurer à l'arrêt du destin. Jérôme ayant glissé deux doigts dans la casquette que Jean tenait à demi fermée, il en tira, non sans hésiter, un carré de papier qu'il déroula lui-même en tremblant. Une sueur froide inondait son visage. De leur côté, Christophe et Jean n'étaient guère plus rassurés ; mais, tout d'un coup, en entendant Jérôme pousser un rugissement de tigre blessé, ils se prirent à rire, à chanter et à danser, comme deux cannibales, autour de la victime que venait de désigner le sort. Jérôme espérait que mademoiselle Rosancoët refuserait de consentir à une substitution. Il en arriva tout autrement. L'austère fille était aussi jalouse de sa bonne renommée que les Legoff de leur honneur ; elle aima mieux accepter la main de Jérôme que de prêter au ridicule et aux sots propos que les méchants ne lui auraient pas épargnés. On signa le contrat ; les bans furent publiés, et, à quelque temps de là, Jérôme Legoff et mademoiselle Maxime Rosancoët échangèrent leur anneau au pied des autels. Joseph manqua seul à la cérémonie. Le fuyard n'avait point reparu.

Le lendemain de ce grand jour, entre sept et huit heures du matin, l'époux se promenait seul sur la côte, d'un air sombre et préoccupé. Il pensait que, si Joseph lui tombait jamais sous la main, il lui couperait les deux oreilles.

Ce ne fut qu'au bout de deux mois que Joseph osa reparaître au Coat-d'Or. Durant ces deux mois, qu'il avait passés en proscrit dans les villages environnants, Joseph était devenu diaphane. En le voyant si pâle, si maigre et si chétif, Jérôme consentit à l'épargner; mais il déclara devant sa femme qu'il ne pourrait jamais lui pardonner.

D'ailleurs, ce mariage n'eut pas les bons résultats qu'on en attendait. Madame Jérôme n'avait rien de ce qui peut embellir un intérieur. Aux qualités qu'elle possédait, il manquait la grâce et le charme. Elle ne réalisa ni les rêves poétiques de Joseph, ni les espérances des trois autres : elle réforma la maison, mais ne la rendit pas plus aimable. Jean disait que rien n'était changé, et qu'il n'y avait qu'un hibou de plus au logis. Grave, austère, un peu sèche et même un peu revêche, comme presque toutes les femmes qui ont passé leur jeunesse dans la dévotion et dans le célibat, elle gouverna son ménage avec une sévérité dont son mari fut la première victime. Elle proscrivit la pipe et garda la clef de la cave. Il en résulta que Jean, Christophe et Jérôme lui-même désertèrent peu à peu le Coat-d'Or, pour aller à Bignic boire et fumer à leur aise. Ils commencèrent par s'observer assez pour pouvoir rentrer au gîte sans trahir l'emploi de leurs journées : ils ne tardèrent pas à s'oublier, et il arriva qu'un soir Jérôme se présenta devant sa femme dans un déplorable état. Madame Legoff se plaignit amèrement, et demanda si c'était là ce qu'on lui avait promis, lorsqu'elle avait consenti à quitter sa retraite pour venir s'établir au Coat-d'Or. Quoi qu'elle pût dire, Christophe et Jean n'en reprirent pas moins le cours de leurs habitudes ; mais Jérôme, troublé par les remontrances de sa femme moins encore que par les reproches de sa propre conscience, se voua résolument au culte des vertus domestiques. On le vit renoncer brusquement au tabac et à la boisson, et accompagner assidûment madame Legoff à l'église. Pour prix de sa conversion, il fut atteint, au bout de quelques mois, d'une profonde mélancolie qui se changea bientôt en un sombre marasme. Il perdit l'appétit, et devint, en peu de temps, jaune et maigre comme un hareng saur. Il passait des jours entiers au coin du feu, dans une attitude affaissée, sans qu'il fût possible de lui arracher une parole ni même un regard. Il n'y avait que la présence de Joseph qui parvînt à le distraire. Jérôme l'avait pris en une telle aversion, qu'il ne pouvait plus l'apercevoir sans entrer dans d'horribles colères, au point que Joseph avait dû se résigner à ne plus paraître devant lui.

C'est là qu'en étaient les choses, lorsqu'on apprit au Coat-d'Or qu'un officier de la marine anglaise se permettait de tenir, à Saint-Brieuc, des propos outrageants sur l'origine de la fortune des Legoff. Christophe ne fit ni une ni deux. Il courut à la ville, insulta l'officier anglais, et prit jour avec lui pour une rencontre.

A cette nouvelle, Jérôme sortit de son apathie; le dégoût de l'existence lui inspira une résolution désespérée. Sans en rien dire autour de lui, il prévint Christophe de vingt-quatre heures, et, assisté de deux témoins, logea une balle dans le flanc de l'Anglais, qui lui rendit politesse pour politesse, car tous deux tombèrent en même temps, mortellement atteints l'un et l'autre. Jérôme fut rapporté au Coat-d'Or, presque sans vie, sur un brancard. Près d'expirer, il ouvrit de grands yeux, et s'écria :

— Je me suis marié pour Joseph, et me suis fait tuer pour Christophe.

Sa femme et ses frères pleuraient autour de lui.

Après quelques instants de silence, il tendit la main droite à Christophe, et lui dit :

— Je te remercie.

Puis il tendit la main gauche à Joseph en disant :

— Je te pardonne.

Et là-dessus il expira.

On persuada à madame Legoff que son mari, dans le trouble des derniers moments, avait pris sa main droite pour sa main gauche.

Madame Jérôme suivit de près son mari dans la tombe. Elle mourut en donnant le jour à une fille qu'elle confia solennellement à la garde de Joseph et de ses deux frères. A son heure dernière, cette femme épancha sur la tête de son enfant et sur les mains de Joseph tous les flots de tendresse qu'elle avait soigneusement comprimés jusqu'alors. Il est ainsi des cœurs qui ne se révèlent qu'au moment suprême, pareils à ces vases qui ne répandent qu'en se brisant les parfums recélés dans leur sein. Elle inonda sa fille de larmes et de baisers; elle appela sur ce petit être la protection de ses trois frères. Sa parole était grave et solennelle. Près de s'envoler, l'âme projetait un lumineux reflet sur cette pâle figure d'où la vie allait se retirer. Lorsqu'elle eut exhalé son dernier souffle, Joseph prit l'enfant entre ses bras et le présenta à Christophe et à Jean, qui jurèrent chacun de veiller sur elle avec l'affection d'un père. A quelques jours de là, l'orpheline fut baptisée à Bignic. En sa qualité de parrain, Jean lui donna le nom de sa patronne ; mais Christophe voulut qu'elle portât en même temps le nom du brick sur lequel les Legoff avaient fait fortune, et c'est ainsi qu'elle fut inscrite sur les registres sous les deux noms de Jeanne et de Vaillance.

IV.

Dès lors on put voir au Coat-d'Or un spectacle étrange et touchant. Ce que n'avaient pu faire ni les prières de Joseph, ni le mariage de Jérôme, ni la présence d'une grave épouse, une petite fille blanche et rose le fit par enchantement.

Sur le bord des deux tombes qui venaient de s'ouvrir sous leurs yeux, Christophe et Jean avaient déjà senti leurs mauvaises passions chanceler; ils les virent s'abattre et s'éteindre peu à peu au pied d'un berceau. Ces deux hommes en arrivèrent sans effort à toutes les puérilités de l'amour; ils rivalisèrent de maternité avec Joseph, et ce fut un spectacle touchant en effet de les voir tous trois penchés sur ce nid de colombe, épiant les premiers gazouillements et les premiers battements d'ailes.

L'enfant grandit; avec elle grandit l'affection des trois frères. C'était une belle enfant, vive, pétulante, pleine de vie et de santé, portant bien le nom que lui avait donné Christophe. Chez elle toutefois, le caractère viril n'excluait aucun charme; à peine échappait-elle au berceau qu'elle avait déjà le gracieux instinct des coquetteries de la femme. Cet instinct, où l'avait-elle pris? C'est ce que nul ne saurait dire. Le lis sort blanc et parfumé d'une bulbe noire et terreuse; le papillon sort de sa chrysalide étincelant d'or et d'azur.

Elle s'éleva en pleine liberté dans le robuste sein d'une âpre et sauvage nature. Le soleil de la côte et le vent de la mer brunirent la blancheur de son teint ; sa taille s'élança, ses membres s'assouplirent, elle poussa svelte et vigoureuse, comme la tige d'un palmier. Christophe et Jean la formèrent aux exercices du corps, Joseph prit la direction de son cœur et de son esprit. Les deux premiers la bercèrent avec de belliqueux récits ; le troisième lui inspira le goût de l'étude et des arts. Christophe la familiarisa avec les jeux de l'Océan, Jean avec l'équitation et les armes ; Joseph surveilla l'épanouissement de cette jeune intelligence. Il en tempéra la fougue aventureuse et s'appliqua de bonne heure à modifier les mâles tendances que Jean et Christophe se plaisaient à développer en elle. Il n'y réussit qu'à demi ; mais Jeanne était douée d'une distinction native et d'une instinctive élégance qui, à défaut de Joseph, auraient combattu victorieusement les influences d'un entourage vulgaire. Non-seulement elle ne prit rien de son oncle le marin et de son oncle le soldat, mais ce fut elle au contraire qui les embellit d'un reflet de ses grâces. Au contact de cette aimable créature, leurs mœurs s'adoucirent, leurs façons s'ennoblirent un peu, et leur langage s'épura. Elle ne fut d'abord entre leurs mains qu'un jouet précieux et adoré; un sentiment de respect et de déférence se mêla insensiblement à l'expression de leur tendresse.

Ce qu'il y eut de plus étrange, c'est que cette tendresse éveilla tout d'abord en eux ce sens de la fortune dont nous parlions tout à l'heure, et qui leur avait manqué jusqu'alors. Pour eux, ils ne changèrent rien à la simplicité de leurs habitudes; mais pour leur nièce, ils eurent toutes les vanités, toutes les fantaisies du luxe, toutes les perceptions du bien-être. Enfant, ils l'avaient enveloppée de langes à humilier la fille d'un roi; plus tard, pour parer sa chambre, ils s'épuisèrent en folles imaginations et en dépenses extravagantes. Paris envoya ses meubles les plus recherchés, ses plus riches étoffes; rien ne sembla trop beau ni trop ruineux pour égayer la cage d'un oiseau si charmant. Le reste à l'avenant; ils firent pleuvoir sur elle les diamants, les bijoux; le velours, la soie, la dentelle, arrivèrent par ballots au Coat-d'Or. Le goût et l'à-propos ne présidaient pas toujours à ces prodigalités; mais Joseph se chargeait d'en corriger les excentricités, et d'ailleurs Jeanne préférait aux parures dont on l'accablait la robe d'indienne avec laquelle elle courait sur les brisants, et les brins de bruyères en fleurs qu'elle tressait dans ses cheveux.

A quinze ans, Jeanne était l'orgueil du Coat-d'Or. Elle tenait de Dieu l'intelligence et la bonté, de Joseph la chaste réserve d'une fille pieuse et charmante, de Christophe et de Jean l'ardeur et l'intrépidité d'une Amazone. Avec Joseph, elle cultivait les lettres et les arts; avec Jean, elle montait à cheval, tirait le pistolet, chassait le lièvre dans les landes; avec Christophe, elle pêchait le long de la côte, et courait la mer sur une yole légère comme le vent.

Mais c'était toujours à Joseph qu'elle revenait de préférence. Il avait été, il était encore son maître en toutes choses. Il avait mis à parer son esprit autant d'amour et de soin qu'en mettaient Jean et Christophe à parer sa beauté naissante. Il lui avait enseigné ce qu'il savait de peinture et de musique; ils lisaient ensemble les poètes, et, durant les beaux jours, étudiaient dans les champs l'histoire des insectes et des fleurs. Pendant les soirées d'hiver l'enfant se mettait au piano, Joseph prenait son violoncelle, et tous deux exécutaient de petits concerts, tandis que les deux autres, assis au coin du feu, écoutaient dans un ravissement ineffable. Jeanne jouait sans talent, elle chantait sans beaucoup d'art ni de méthode; mais elle avait une voix fraîche, un goût pur, un sentiment naïf : on l'écoutait comme on écoute les fauvettes, sans se demander si elles chantent bien ou mal; on se sentait charmé, sans savoir comment ni pourquoi.

Elle avait ainsi dans toute sa personne un charme indicible que Christophe et Jean subissaient en esclaves amoureux de leur chaîne. L'affection de Joseph semblait plus grave et plus réfléchie. Jeanne était, dans la plus large acception du mot, ce qu'on est convenu d'appeler une enfant gâtée : fantasque, volontaire, mobile comme l'onde, elle avait tous les caprices d'une reine de quinze ans. Joseph la grondait bien parfois, mais c'était, dans le fond de son cœur, une adoration qu'on pourrait comparer à celle des anges aux pieds de la Vierge. Cette âme tendre et poétique avait enfin rencontré une jeune sœur à son image; le ramier n'était plus seul au nid; le daim avait trouvé sa compagne.

Quant à l'affection du marin et du soldat, ce devint un culte insensé. Les mères elles-mêmes n'auraient pas de mot pour exprimer un semblable délire. Enfant, ils l'avaient bien aimée; mais quand ces deux hommes qui n'avaient eu jusqu'à présent aucune révélation de la beauté, de la grâce et de l'élégance, virent sous leur toit, à leur foyer et à leur table, une jeune et belle créature, élégante et gracieuse, aimable autant que belle, vivant familièrement de leur vie, tendre, caressante, rôdant autour d'eux, et leur rendant en cajoleries de tout genre les attentions qu'ils avaient pour elle, ces deux hommes en perdirent la tête, et leur amour, exalté par l'orgueil, ne connut plus de bornes ni de mesure. Toutefois, ils l'aimaient surtout, parce que c'était sa blanche main qui les avait tirés tous deux du gouffre des passions honteuses. Ils se plaisaient à établir de mystérieux rapports entre cette enfant et l'ancien brick dont elle portait le nom. L'un avait été l'arche de leur fortune; l'autre était devenue, pour ainsi dire, l'arche de leur honneur. Il leur semblait qu'en portant le nom du vieux corsaire, Vaillance ennoblissait et purifiait la source de leurs richesses.

Cet amour prit à la longue tous les caractères de la passion, et ce furent de part et d'autre des jalousies et des rivalités qui remplirent le Coat-d'Or de coquetteries adorables. Jaloux de Joseph, Jean et Christophe étaient en même temps jaloux l'un de l'autre. Les vieilles haines du drapeau et du pavillon s'étaient réveillées; mais la jeune fille avait un art merveilleux pour faire à chacun sa part et tenir la balance des amours-propres dans un parfait équilibre; elle appelait Christophe son oncle l'amiral, et Jean son oncle le colonel. Une lutte inavouée n'en existait pas moins entre eux. Chacun se tenait à l'affût pour surprendre les fantaisies de Jeanne; ils la questionnaient en secret et usaient de mille ruses pour se vaincre mutuellement en munificence.

Voici par exemple ce qui arriva pour le quinzième anniversaire de la naissance de Vaillance.

Plusieurs mois auparavant, Christophe et Jean s'étaient consultés entre eux pour savoir ce qu'ils donneraient à leur nièce à l'occasion de ce solennel anniversaire.

— Toute réflexion faite, avait dit Jean, cette fois, je ne donnerai quoi que ce soit à Jeanne. Sa dernière fête m'a ruiné. D'ailleurs l'enfant n'a besoin de rien. Je me réserve pour l'année prochaine.

— Puisqu'il en est ainsi, s'était écrié Christophe, je suivrai ton exemple, frère Jean. Vaillance a plus de bijoux et de chiffons qu'il n'en faudrait pour parer toutes les femmes de Saint-Brieuc. Ses dernières étrennes ont mis ma bourse à sec. Je m'abstiendrai comme toi, et nous verrons l'an prochain.

— C'est le parti le plus sage, avait ajouté Jean.

— Nous avons fait assez de folies, avait ajouté Christophe.

— Eh bien! c'est entendu, avait dit Jean; nous ne donnerons rien à l'enfant pour son quinzième anniversaire.

— C'est convenu, avait dit Christophe.

Le grand jour étant arrivé, Jeanne, qui avait compté sur de magnifiques présents, s'étonna de voir ses oncles venir l'embrasser les mains vides. Il n'y eut que Joseph qui lui offrit un bouquet de fleurs écloses au premier souffle du printemps.

Cependant Christophe riait dans sa barbe, et Jean avait un air de satisfaction diabolique.

Sur le coup de midi, voici qu'un haquet, traîné par un cheval et chargé d'une immense caisse, s'arrêta devant la porte du Coat-d'Or. On transporte la caisse dans une des salles du château, et tandis qu'on en brise les planches et que la jeune fille rôde à l'entour en se demandant avec anxiété quelle merveille va sortir des flancs du monstre de sapin, Christophe et Jean se frottent les mains et se regardent l'un l'autre à la dérobée et d'un air narquois. Enfin, les planches croulent, le foin est arraché; il ne reste plus que la toile d'emballage qui cache encore le trésor mystérieux. Jeanne est pâle, immobile; l'impatience et la curiosité agitent son jeune cœur. Christophe et Jean l'observent tous deux avec complaisance. Bientôt la toile crie sous les ciseaux qui la déchirent, le dernier voile tombe, la jeune fille bat des mains, et Christophe et Jean triomphent chacun de son côté.

C'était un beau piano d'ébène à filets de cuivre, d'un travail exquis, d'un goût charmant, d'une richesse merveilleuse. Jeanne, qui n'avait eu jusqu'à ce jour qu'un méchant clavecin acheté à Saint-Brieuc, dans une vente publique, demanda lequel de ses oncles elle devait remercier d'une si aimable surprise.

A cette question, chacun d'eux prit un air de modeste vainqueur.

— C'est une bagatelle, disait Jean.

— C'est moins que rien, disait Christophe.

— Ce n'est pas la peine d'en parler, ajoutait le premier.

— Cela ne vaut pas un remercîment, ajoutait le second.

— Enfin, mes oncles, qui de vous est le coupable? s'écria Jeanne en souriant, car c'est le moins que je l'embrasse.

— Puisque tu le veux... dit Christophe.

— Puisque tu l'exiges... dit Jean.

VAILLANCE. 103

— Eh bien ! c'est moi, s'écrièrent-ils à la fois, en ouvrant leurs bras à Vaillance.

A ce double cri, ils se tournèrent brusquement l'un vers l'autre.

— Il paraît, dit Christophe, que notre frère Jean veut rire.

— Il me semble, répliqua Jean, que notre frère Christophe est en humeur de plaisanter.

— Je ne plaisante pas, dit Christophe.

— Et moi, dit Jean, je ne ris guère.

Le fait est qu'ils n'avaient envie de rire ni l'un ni l'autre. Les yeux de Christophe lançaient des flammes ; hérissés et frémissants, les poils roux de la moustache du soldat semblaient autant d'aiguilles menaçantes prêtes à sauter au visage du marin irrité.

— Mes oncles, expliquez-vous, dit la jeune fille qui, non plus que Joseph, ne comprenait rien à cette scène.

— Je soutiens, s'écria Christophe, que c'est moi, Christophe Legoff, ex-lieutenant du brick *la Vaillance*, qui donne à ma nièce le piano que voici.

— Et moi, j'affirme, s'écria Jean, que c'est moi, Jean Legoff, ex-officier de la grande armée, qui donne à ma nièce le piano que voilà.

— Comment, mille diables! s'écria Christophe en serrant les poings, un piano qui me coûte mille écus!

— Mille écus que j'ai payés, répliqua Jean avec assurance.

— J'en ai le reçu, dit Christophe.

— Le reçu? Je l'ai dans ma poche! s'écria Jean en tirant une lettre qu'il ouvrit et qu'il mit sous le nez du marin, tandis que celui-ci dépliait un papier qu'il mettait sous le nez du soldat.

Heureusement un second haquet venait de s'arrêter devant la porte du château, et au plus fort de la dispute, les serviteurs introduisirent dans la salle une seconde caisse exactement semblable à la première. Dès lors tout fut expliqué. Christophe et Jean, à l'insu l'un de l'autre, avaient eu la même idée ; le même jour, à la même heure, deux pianos à l'adresse de Jeanne étaient arrivés à Saint-Brieuc par deux roulages différents.

— Ah! traître, dit Christophe en s'approchant de Jean, tu devais ne rien donner! tu te réservais pour l'année prochaine!

— Et toi! maître fourbe, répliqua Jean, tu prétendais que ta bourse était vide!

— A bon chat bon rat.

— A corsaire corsaire et demi.

Cependant que faire de deux pianos? l'un était d'ébène, l'autre de palissandre, tous deux également riches, admirablement beaux tous deux. Christophe vantait celui-ci et Jean exaltait celui-là ; entre les deux long-temps Jeanne hésita. Il se fût agi pour Jean et pour

Christophe d'un arrêt de vie ou de mort, que leurs angoisses n'auraient été ni moins vives ni moins poignantes. Pour contenter à la fois son oncle l'amiral et son oncle le colonel, la jeune fille décida qu'on porterait dans sa chambre le piano de palissandre, et qu'on laisserait au salon le piano d'ébène.

Ainsi passait le temps.

Afin qu'aucun des caractères de la passion ne manquât à l'amour de ces hommes pour cette enfant, cet amour, sans s'en douter, en était arrivé, même dans le cœur de Joseph, à un naïf et monstrueux égoïsme. Jamais il ne leur était venu à l'esprit que cette jeune fille pût avoir d'autres destinées à remplir que de distraire et d'occuper leurs jours. Ils croyaient ingénument que cette fleur de grâce et de beauté ne s'était épanouie que pour embaumer leur maison. Telle était en ceci leur aveugle sécurité, qu'ils n'avaient même pas abordé l'idée que ce trésor pût leur échapper.

Jeanne, de son côté, ne semblait pas se

douter qu'il y eût sous le ciel des êtres plus aimables que ses trois oncles, ni une existence plus délicieuse que celle qu'on menait au Coat-d'Or. Bignic était pour elle le centre du monde, ses rêves n'allaient pas au delà de la distance que son cheval pouvait mesurer en une demi-journée. Jamais elle n'avait tourné vers l'horizon un regard ardent et curieux; elle n'avait jamais entendu dans son jeune sein ce vague murmure qui s'élève au matin de la vie, pareil au bruissement mystérieux qui court dans les bois aux blancheurs de l'aube. L'activité d'une éducation presque guerrière l'avait préservée jusqu'à présent du mal étrange nommé la rêverie, qui tourmente l'oisive jeunesse. Son imagination dormait : ce fut une imprudence de Jean et de Christophe qui l'éveilla.

Nous l'avons dit, Christophe et Jean étaient moins jaloux l'un de l'autre qu'ils ne l'étaient tous deux de leur frère. Quoi que pût faire la jeune fille pour cacher les préférences de son cœur, et quoi qu'ils pussent eux-mêmes imaginer pour se les attirer, ils comprenaient que Joseph était préféré et ne se faisaient point illusion là-dessus, bien que ce fût pour eux un sujet d'étonnement continuel.

— C'est inouï! se disaient-ils parfois, Joseph ne lui a jamais rien donné que des fleurs; nous nous sommes ruinés pour elle! Il la gronde souvent et ne craint pas de la reprendre; nous sommes à genoux devant ses défauts! C'est un blanc-bec qui n'a jamais vu que le feu de la cheminée et qui mourra dans la peau d'un poltron; nous mourrons l'un et l'autre dans la peau d'un héros! Eh bien! c'est ce maraud qu'on aime et qu'on préfère!

— C'est un savant, ajoutait Christophe en hochant la tête; il a inspiré à Jeanne le goût de la lecture; l'enfant aime les livres, et Joseph lui en prête.

— Si Jeanne aime les livres, dit un jour le soldat fatalement inspiré, nous lui en donnerons, un peu plus propres et un peu plus galamment vêtus que les sales bouquins de Joseph.

En effet, dès le lendemain ils écrivirent à Paris, et, au bout de six semaines, en rentrant d'une longue promenade qu'elle avait faite sur la côte, Jeanne trouva dans sa chambre une bibliothèque composée de volumes magnifiquement reliés. C'était, hélas! la boîte de Pandore. Ce fut la perte du repos de Jeanne.

Rien de plus honnête pourtant que cette collection de livres; seulement, comme l'élite des poètes et des romanciers y brillait au premier rang, et que la littérature contemporaine s'y montrait en majorité, c'étaient pour la plupart de très-honnêtes empoisonneurs. Jeanne et Joseph lui-même, car il ne put résister à la tentation, puisèrent avidement à ces sources enivrantes. Ils y perdirent l'un et l'autre la sérénité de leur âme. Bien qu'il eût laissé depuis long-temps derrière lui les rapides années de la jeunesse, Joseph avait le cœur aussi jeune que celui de sa nièce; l'innocence et la chasteté avaient conservé dans son bouton virginal la fleur du printemps de sa vie. Ainsi, jusqu'à présent, ces deux cœurs étaient au même point et s'ignoraient encore ; ce furent les mêmes influences qui hâtèrent la floraison de l'un et décidèrent le tardif épanouissement de l'autre.

A la lecture de ces poèmes étranges qui ne ressemblaient en rien à ceux qu'ils avaient lus déjà, à ces lectures passionnées faites en commun, assis l'un près de l'autre, le jour sur le sable fin et doré des baies solitaires, le soir à la lueur de la lampe, Joseph se troubla. Que se passa-t-il en lui? Dieu seul a pu le savoir. Pour Jeanne, elle devint tout à coup inquiète, rêveuse, agitée, passant tour à tour d'une folle gaieté à une sombre mélancolie, sans qu'elle pût se rendre compte de sa joie ou de sa tristesse. Bientôt elle se demanda si le monde finissait à l'horizon, si Bignic était la capitale de l'univers, et si sa vie devait s'écouler tout entière sous le toit enfumé du Coat-d'Or. Vainement ses oncles, pour la distraire, redoublèrent autour d'elle de tendresses et de soins ; elle s'irritait de leurs soins et de leurs tendresses. Joseph assista silencieusement à ces premiers troubles du cœur et des sens qui s'éveillent ; long-temps il fut seul dans le secret de cette âme qui ne se connaissait pas elle-même.

Cependant, à la longue, éclairés par leur égoïsme plutôt que guidés par la délicatesse de leurs perceptions, Jean et Christophe arrivèrent à leur tour à confusément entrevoir la cause du mal qui tourmentait leur nièce. Joseph n'en avait saisi que le côté poétique et charmant ; natures moins élevées et médiocrement idéales, Christophe et Jean en saisirent le côté physique et réel. Ces avares comprirent enfin que le trésor qu'ils avaient enfoui dans leur demeure pouvait leur échapper d'un jour à l'autre ; ils comprirent que l'oiseau qu'ils avaient mis en cage avait grandi, qu'il avait des ailes, et qu'au premier cri de quelque oiseau voyageur qui l'appellerait dans les plaines de l'air, il s'envolerait à travers les barreaux de sa prison dorée. En un mot, pour nous servir d'un langage moins figuré et plus en rapport avec les idées des deux oncles, ils découvrirent que l'enfant avait seize ans, et qu'un jour viendrait inévitablement où il faudrait songer à la marier.

Or, ils ne se dissimulaient pas que marier Jeanne, pour eux c'était la perdre. Ils se rendaient justice mutuellement. Jean se disait qu'un homme que Jeanne aurait choisi ne se déciderait jamais à vivre près d'un être aussi grossier que l'était le forban ; Christophe pensait, de son côté, qu'un époux du choix de leur nièce ne consentirait pour rien au monde à mêler son existence à celle d'un personnage aussi mal élevé que l'était son frère le caporal. Ils convenaient ensemble que le Coat-d'Or n'était rien moins qu'un lieu de délices, et que deux tourtereaux s'ennuieraient bientôt de roucouler dans un pareil nid. Enfin, en admettant que le jeune ménage se résignât à vivre auprès d'eux, l'égoïsme de leur folle tendresse se révoltait à l'idée que Jeanne, cette fille adorée, leur amour, leur joie et leur orgueil, pourrait cesser d'être leur enfant et passer dans les bras d'un homme qui oserait l'appeler sa femme au nez de Jean et à la barbe de Christophe.

Les choses en étaient là, quand, par un soir d'orage, un coup de canon retentit sur les flots de la mer en courroux.

V.

Les trois frères, suivis de tous leurs serviteurs coururent aussitôt sur la dune. Ils y trouvèrent les pêcheurs de Bignic, accourus comme eux aux signes de détresse. Christophe fit allumer de grands feux de distance en distance. A partir du moment où le navire en perdition eut remarqué qu'on répondait à ses signaux et qu'on était à portée de le secourir, il ne cessa point de tirer du canon de trois minutes en trois minutes. Il était si près de la côte, qu'on entendait du rivage, malgré le bruit de la tempête, les cris des matelots et le sifflet du maître qui commandait la manœuvre; mais la mer était trop mauvaise pour qu'on pût mettre aucun bateau dehors, et la nuit si sombre et si épaisse qu'on ne distinguait sur les flots que la lueur qui précédait chaque détonation. On présumait que c'était un bâtiment près de sombrer sous voiles ou bien échoué sur un des bancs de sable assez communs dans ces parages.

En effet, au lever du jour, on aperçut, à quelques encâblures de la plage, les vergues d'une frégate engravée dans le sable, et qu'on reconnut, au pavillon, pour appartenir à la marine anglaise. Il y avait des instants où la mer, en se retirant, laissait à découvert tout le corps du navire, d'autres où, revenant sur ses pas avec une incroyable furie, elle l'ensevelissait sous des montagnes écumantes. Le pont semblait désert; le canon ne tirait plus, et déjà les lames avaient jeté plus d'un cadavr sur la grève.

On pouvait supposer que tout l'équipage avait péri, lorsqu'à l'aide d'une longue-vue Christophe s'assura qu'il restait des vivants à bord.

— Allons, enfants! s'écria-t-il en s'adressant aux pêcheurs, il paraît que tout n'est pas fini là-bas. Ce sont des Anglais, c'est vrai; mais lâche est celui qui, pouvant sauver un chien qui se noie, ne lui tend pas une main secourable.

A ces mots, aidé de Jean et de Joseph, il poussa vers la mer une des chaloupes qu'on avait tirées bien avant sur la plage, et lorsque la frêle embarcation fut près d'être soulevée par les vagues :

— Enfants! s'écria Christophe en saisissant une rame de chaque main; pour gagner le navire, et ramener ici ce qui survit de l'équipage, il ne me faut plus que six bras!

— Bien, mon oncle! bien, mon brave Christophe! s'écria Jeanne en l'embrassant avec effusion.

Après avoir passé toute la nuit, debout, à sa fenêtre ouverte, la jeune fille, au lever du jour, était accourue sur la falaise. Elle se tenait près de ses oncles, enveloppée d'un manteau, tête nue, les cheveux au vent.

Cependant nul n'avait répondu à l'appel de Christophe. Quoiqu'un peu calmée, la mer était encore furieuse ; pas un des pêcheurs ne bougea.

— Comment, tas de gueux ! dit Christophe avec colère, vous restez immobiles et les mains dans vos poches, lorsqu'il y a là-bas des malheureux qui vous appellent ! Quoi ! sur quinze ou vingt drôles que vous êtes ici, il n'en est pas trois de courage et de volonté !

Les pêcheurs se regardaient entre eux d'un air embarrassé.

— Allez, dit Jeanne avec mépris, ne vous exposez pas plus long-temps au grand air ; la bise est froide, vous courriez risque de vous

VAILLANCE. 119

enrhumer. Retournez à Bignic et envoyez-nous vos femmes ; elles prendront vos rames, tandis que vous filerez leurs quenouilles. En attendant, à nous quatre, mes oncles ! ajouta l'intrépide enfant, prête à sauter dans la chaloupe ; les bras de Joseph et les miens ne seront pas d'un grand secours, mais Joseph priera Dieu pour le succès de l'entreprise, et moi, je chanterai pour égayer la traversée.

En voyant chez cette jeune fille tant de résolution, les pêcheurs rougirent de leur pusillanimité, et pour trois qu'avait demandés Christophe il s'en présenta vingt. Christophe prit trois des plus vigoureux, les arma de rames solides, puis, après avoir embrassé sa nièce et serré la main à ses frères, il s'élança dans la chaloupe, suivi de ses trois compagnons. Ce ne fut pas sans peine qu'on parvint à mettre la barque à flot ; enfin une vague terrible la souleva et l'emporta en rugissant.

Les yeux au ciel, les mains croisées sur sa poitrine, Joseph priait avec ferveur. Silencieux et groupés çà et là sur les rochers du rivage, la jeune fille, Jean et les pêcheurs suivaient d'un regard avide les évolutions de la chaloupe, qui apparaissait de loin en loin sur la cime d'une vague, pour disparaître presque aussitôt dans un abîme. On eût dit que l'Océan, irrité de tant d'audace, avait redoublé de fureur. Le découragement et l'épouvante se peignaient sur tous les visages ; il n'y avait que Jeanne qui gardât encore quelque espoir. Vainement les lames se brisaient à quelques pieds au-dessous d'elle avec un horrible fracas ; exaltée par l'héroïsme de Christophe, elle était calme, presque sereine, et, confiante en Dieu, semblait dominer la tempête. Cependant il y eut un instant où un cri de terreur sortit de toutes les poitrines : une énorme voûte d'eau, pareille à un édifice qui s'écroule, venait de s'abattre sur la chaloupe qu'elle avait, pour ainsi dire, ensevelie sous ses liquides décombres. Il y eut dix minutes de mortelle attente. Enfin un cri de joie retentit sur la plage : la barque avait reparu à une portée de fusil du navire.

Ayant appuyé sur l'épaule de son oncle la longue-vue dont on s'était servi déjà une fois, Jeanne colla son œil sur le petit verre de la lunette.

— Jeanne, que vois-tu? lui demanda son oncle le soldat.

Après quelques instants de muette observation :

— Je vois, dit-elle, un bâtiment qui me fait l'effet d'être bien malade : tous les mâts sont brisés; les flots le soulèvent de l'arrière à l'avant comme s'ils voulaient le mettre sens dessus dessous. Il y a des instants où la carène est droite en l'air. — Sur le pont, pas une âme... Attendez pourtant!... Si!... je vois un homme, un seul, qui se tient aux bastingages. Les autres auront péri : pauvres gens! — Il fait des signes — sans doute à Christophe. On dirait qu'il lui crie de s'en retourner. — Il n'a pas l'air d'avoir peur. — Il est vêtu d'un frac bleu et porte une épée au côté.

— C'est un officier, dit Jean.

— La chaloupe, voici la chaloupe! s'écria-t-elle. Seigneur! elle va se briser contre le flanc du navire... Non, Dieu soit béni! une lame amortit le choc.— On jette un câble à l'officier. — Pourquoi ne se hâte-t-il pas de descendre? qu'attend-il? que de temps perdu! — Il parle à Christophe, Christophe lui répond. Quelle folie! c'est bien de causer qu'il s'agit! — Christophe est en colère, je le devine à ses gestes; il jure comme un damné; je ne l'entends pas, mais je le parierais.— Bon! il s'élance sur le pont de la frégate — il prend l'officier à bras le corps — l'enlève comme une plume et le jette dans la chaloupe — à son tour il y descend. Que Dieu protège leur retour!

Le retour fut rapide. Le vent et la mer poussaient l'embarcation vers la côte. Lancée par la vague comme une flèche par un arc de fer, elle vint, en moins de quelques minutes, labourer le sable de la plage. A peine Chris-

VAILLANCE.

tophe eut mis pied à terre, que Jeanne lui sauta au col et l'embrassa à plusieurs reprises.

— Je suis fière de vous, lui dit-elle avec un sentiment d'orgueilleuse tendresse dont Jean et Joseph purent être un instant jaloux.

— Il n'y a pas de quoi, répondit Christophe, qui pensait n'avoir rien fait que de simple et de naturel. Nous sommes arrivés trop tard et n'avons pu en ramener qu'un seul ; encore, mille tonnerres ! ce n'aura pas été sans peine, car ce diable d'homme avait décidé qu'il périrait avec sa frégate. Cet enragé a fait plus de façons pour se laisser sauver qu'on n'en fait généralement pour se laisser conduire à la mort. Enfants, ajouta-t-il en s'adressant aux marins qui l'avaient assisté, vous allez nous suivre au château, où l'on aura soin de vous. — Puis, se tournant vers l'officier anglais, il s'apprêtait à l'interpeller, mais il resta muet et respectueux devant la douleur de cet homme.

L'étranger contemplait d'un air sombre les cadavres que la mer avait rejetés sur la grève. Il allait à pas lents de l'un à l'autre et les appelait par leur nom. Il en avait nommé plusieurs, quand tout d'un coup il en reconnut un dont la vie sans doute lui avait été particulièrement chère, car aussitôt qu'il l'aperçut, il s'agenouilla près de lui avec un morne désespoir et demeura long-temps à lui parler, comme si le mort avait pu l'entendre.

Tous les témoins de cette scène étaient profondément émus.

—Infortuné! dit Jeanne; il pleure un frère ou un ami.

—Oui, dit Christophe, qui entendait un peu l'anglais, il l'appelle son frère, son ami, son cher et malheureux Albert. Ç'a beau être des Anglais, c'est égal, ça vous brise l'âme... Allons, milord, ajouta-t-il en s'approchant de l'officier, vous verseriez toutes les larmes de votre corps que vous ne rendriez pas ces braves gens à la vie. C'est un malheur, vous n'y pouvez rien, et, en fin de compte, vous avez fait votre devoir. Je vous tiens pour un homme d'honneur, pour un brave et loyal marin, et, s'il en est besoin, j'irai témoigner pour vous devant le conseil de l'amirauté britannique. Que diable, milord, ayez du courage! on fait naufrage, on échoue, on perd son navire, cela se voit tous les jours et peut arriver au premier amiral de France ou d'Angleterre; on n'est pas déshonoré pour si peu. L'Océan est notre maître à tous; c'est un mauvais coucheur qui, au moment où on y pense le moins, vous jette brutalement dans la ruelle du lit. Je vous affirme, moi, que vous êtes un homme de cœur, et si nous nous étions rencontrés, voici quelque vingt-cinq ans, sur la mer que voici, à portée du boulet, vous sur votre frégate et moi sur le brick *la Vaillance*, je vous jure que nous nous serions dit bonjour d'une singulière façon.

Christophe ajouta quelques mots pour l'engager à venir au Coat-d'Or; mais l'étranger ne paraissait pas entendre ce qu'on lui disait. Debout, les bras croisés sur sa poitrine, il se tenait immobile, les yeux attachés sur sa frégate, que les flots continuaient de battre à coups redoublés. Il resta long-temps ainsi, sans qu'il fût possible de l'arracher à ce spectacle déchirant. Enfin, sous les assauts incessants de la lame, le corps du navire craqua, s'entr'ouvrit, et, en moins de quelques secondes, les vagues roulèrent sans obstacles sur la place qu'il avait occupée. L'officier pressa sa poitrine avec désespoir, et des larmes silencieuses roulèrent le long de ses joues.

Par un brusque mouvement de pitié, Jeanne et Joseph lui prirent chacun une main. Il abaissa un regard triste et doux sur la jeune fille, puis, sans rien dire, il lui offrit machinalement son bras et se laissa emmener comme un enfant.

On s'achemina vers le Coat-d'Or. Jean et Christophe marchaient en avant; Jeanne les suivait, appuyée sur le bras de l'officier an-

glais. Joseph était resté sur la grève pour
s'occuper des cadavres que la mer y avait jetés.
Le trajet fut silencieux. Une fois dans le salon :
— Monsieur, dit Christophe en s'adressant à
l'étranger, vous êtes en France, sur les côtes
de Bretagne, dans le château des trois frères
Legoff. Voici Jean ; je suis Christophe ; le
troisième veille sur vos morts ; cette belle enfant est notre nièce bien-aimée. Je ne vous
aurais pas sauvé à votre corps défendant que
nous n'en serions pas moins disposés à remplir vis-à-vis de vous tous les devoirs de l'hospitalité. Veuillez donc regarder cette maison
comme la vôtre, et croire que nous ne négligerons rien pour vous aider à supporter le
malheur qui vous a frappé.

— Vous êtes notre hôte, ajouta Jean.

— Nous sommes vos amis, dit Jeanne.

— Nobles cœurs ! généreuse France que
j'ai toujours aimée ! s'écria l'étranger d'une
voix attendrie en portant à ses lèvres les doigts
de la jeune fille.

Puis, reprenant le flegme britannique, il tendit la main à Christophe, et lui dit :

— Je m'appelle George, officier de marine, ce matin encore capitaine de frégate, au service de l'Angleterre. Vous m'avez sauvé malgré moi; je voulais, je devais mourir à mon bord. Cependant je vous remercie.

— Pour m'exprimer votre reconnaissance, attendez, sir George, que vous ayez goûté de nos vieux vins de France, répliqua Christophe en l'invitant à s'asseoir à une table qu'on venait de servir. Je prétends vous prouver, monsieur, qu'il n'est point de si triste vie qui n'ait encore plus d'un bon côté.

Sir George était épuisé par le besoin autant que par l'émotion. Toutefois, avant de s'asseoir à la place que Christophe lui indiquait, il demanda à se retirer dans la chambre qu'on lui avait préparée à la hâte, mais à l'arrangement de laquelle la prévoyance de Jeanne avait présidé.

Lorsqu'il revint, il s'était débarrassé du caban qui recouvrait son uniforme, et avait réparé, autant qu'il l'avait pu, le désordre de sa toilette. Dans le trouble des premiers instants, Jeanne n'avait pas songé à remarquer si l'hôte que lui envoyait la tempête était beau ou laid, jeune ou vieux; elle n'avait vu que la douleur, elle n'avait été préoccupée que du désastre de cet homme. D'ailleurs, il eût été difficile alors de pouvoir juger des avantages extérieurs de sir George. Un caban du Levant l'enveloppait tout entier; il avait son chapeau enfoncé sur la tête; ses cheveux humides lui cachaient à moitié le visage; ses mains se ressentaient du rude métier qu'il venait de faire. Lorsqu'il reparut, Jeanne et ses oncles ne purent s'empêcher d'être frappés de sa jeunesse et de son bon air.

C'était un grand et beau jeune homme qui pouvait avoir de vingt-cinq à vingt-huit ans au plus; il avait le teint d'une mate blancheur qui faisait ressortir le limpide azur de ses yeux; deux moustaches blondes et fines relevaient fièrement de chaque côté d'une lèvre pâlie par la fatigue, mais qui devait être habituellement fraîche et rose. Ses cheveux blonds et soyeux, négligemment rejetés en arrière, laissaient voir un front dont la tristesse et les ennuis n'avaient point altéré l'albâtre intelligent et pur. Sa taille était souple et mince, l'uniforme lui seyait à ravir. A peine entré, il alla droit à Jeanne et lui offrit gravement, pour la conduire à table, une main blanche et délicate.

— Pardieu! monsieur, s'écria Christophe en le faisant asseoir près de lui, vis-à-vis de sa nièce; vous avez dû rire tout à l'heure, quand je vous ai parlé de ce qu'on aurait pu voir dans le cas où mon brick et votre frégate se seraient rencontrés voici vingt-cinq ans : c'est à peine alors si vous étiez né. Capitaine de frégate, à votre âge! vous n'avez pas perdu votre temps. Et vous vouliez mourir, jeune homme! En vérité, c'eût été dommage, car, pour peu que vous continuiez, vous serez amiral à trente ans.

Sir George ne répondit d'abord que par un pâle sourire; puis il conta dans tous ses détails l'histoire du sinistre qu'il venait d'essuyer. Chargé de protéger les intérêts du commerce anglais sur les côtes de France, il avait été surpris, la veille, par un coup de vent furieux qui, après lui avoir fracassé sa mâture, l'avait jeté sur les hauts-fonds semés de récifs et de bancs de sable qui le séparaient du rivage. Il avait tiré le canon toute la nuit. Vers le matin, un peu avant le lever du jour, comme le bâtiment menaçait à chaque instant de s'entr'ouvrir, on avait mis le canot à la mer; tout l'équipage, peu nombreux d'ailleurs, s'y était précipité, et lui-même se préparait à y descendre, lorsque l'embarcation avait été violemment emportée par les vagues. Aux cris de détresse qui s'étaient tout à coup élevés sur les flots, puis au silence de mort qui les avait suivis, sir George avait compris que le canot avait chaviré, et que c'en était fait de ses marins et de ses amis.

— Oui, s'écria-t-il, je voulais mourir, et, à

cette heure encore, dussiez-vous m'accuser d'ingratitude, je regrette que vous m'ayez sauvé ! Je voulais mourir, puisque tous les miens avaient péri et que je ne devais plus revoir mon cher Albert, la meilleure partie de moi-même. Je voulais que la mer, qui l'avait englouti, me servît de tombeau, et mon navire de cercueil. Hélas ! c'était mon premier commandement, ajouta-t-il en rougissant d'une noble honte. J'aimais ma frégate comme on aime une première amante ; elle était pour moi comme une jeune et belle épouse. Il m'eût été doux de périr avec elle.

— Ce langage me plaît, dit Jean, et vous êtes un brave jeune homme, ajouta-t-il en lui tendant la main par-dessus la table. Quant à votre gouvernement, merci ! c'est une autre affaire ; nous en reparlerons.

— Buvez un coup ! s'écria Christophe en lui remplissant son verre ; il en est des frégates comme des amantes et des épouses : pour une perdue, on en retrouve dix.

— Cet Albert était votre frère ? demanda la jeune fille avec un curieux intérêt.

— Il était mon ami. Les mêmes goûts, les mêmes sympathies, les mêmes ambitions nous avaient rapprochés dès l'enfance. Nous avions suivi les mêmes études, partagé les mêmes travaux. On connaissait si bien notre amitié, qu'on aurait craint de nous séparer. Où l'un allait, l'autre était sûr d'aller. Que de doux rêves n'avons-nous pas échangés, sur le pont de notre navire, durant les nuits sereines, à la clarté des cieux étoilés ! Que d'espérances n'avons-nous pas mêlées et confondues au bruit harmonieux de ces vagues perfides qui devaient sitôt nous désunir ! Nous n'avions qu'une volonté, nous n'étions qu'une âme à nous deux. Et cependant il n'est plus, et je vis !

A ces mots, il s'accouda sur la table, et, la tête appuyée sur ses mains, il sembla s'abîmer dans une méditation douloureuse.

—Pauvres jeunes gens! s'écria Jeanne avec un naïf attendrissement.

— Ces Anglais ont du bon, dit Jean en vidant un verre de vin de Bordeaux.

—Il y a d'honnêtes gens partout, dit Christophe... Voyons, mon capitaine, ajouta-t-il en frappant sur l'épaule de sir George, ne vous laissez point abattre ainsi. Vous êtes jeune, partant destiné à perdre encore bien des frégates et bien des amis. L'homme de mer doit être prêt à tout. Vous savez le proverbe : Les femmes et la mer, bien fou est qui s'y fie. Moi qui vous parle, j'en ai vu de sévères. Nous avons un ennemi commun : l'Océan vous a pris un ami; il nous a pris, à nous, notre vieux père et notre jeune frère. Remplissez votre verre; je veux que nous portions un toast à la mémoire de ceux que nous avons aimés.

Sir George se leva, et, près de porter à ses

lèvres le verre que Christophe venait de remplir :

— A la mémoire du père et du frère de mon sauveur ! dit-il, et puissent descendre sur cette maison hospitalière toutes les bénédictions du ciel !

Jean, Christophe et la jeune fille s'étaient levés en même temps.

— A la mémoire de sir Albert, qui fut l'ami de notre hôte ! répliqua Christophe, et puissent descendre dans le cœur de sir George toutes les joies et toutes les consolations de la terre !

— A vous aussi ! ajouta l'officier en saluant Jeanne avec une grave politesse ; à vous, jeune et belle miss, qui, pour me servir des expressions d'un vieux poète anglais, vous trouvez mêlée à ces souvenirs de deuil comme un myrte en fleurs à la sombre verdure des cyprès !

À ces mots, ils se rassirent tous, et la conversation reprit son cours. Sir George parlait la langue de ses hôtes avec une remarquable facilité, et l'accent étranger qu'il y mêlait donnait je ne sais quelle grâce à chacune de ses paroles.

Cependant la jeune fille l'observait avec un étonnement qu'on peut imaginer sans peine.

Jeanne avait été élevée dans la haine de l'Angleterre. Grâce à l'éducation politique que Christophe et Jean avaient donnée à leur nièce, jusqu'alors l'Angleterre n'avait été pour elle que la perfide Albion, la patrie d'Hudson Lowe, une cage de fer dans laquelle l'empereur Napoléon était mort à petit feu, une île d'ogres et d'anthropophages, un nid de serpents au milieu des flots. En outre, elle savait, depuis le berceau, que son père avait été tué par un officier de la marine anglaise. Enfin, elle avait naïvement pensé jusqu'ici que tous les marins, excepté dans les poèmes de Byron, juraient, buvaient, fumaient, avaient de larges mains, un gros ventre, une longue barbe, et ressemblaient, en un mot, à l'ex-lieutenant du brick *la Vaillance*. Aussi peut-on se faire aisément une idée du charme imprévu qui entoura tout d'abord à ses regards l'apparition de sir George au Coat-d'Or. Tout en lui la surprenait, tout la jetait dans des étonnements ingénus qui touchaient presque à l'extase : l'élégance de son langage, la distinction de ses manières, la délicatesse de ses traits, la pâleur de son teint, le bleu de ses yeux et jusqu'à la blancheur aristocratique de ses mains, elle remarquait tout, elle examinait tout avec la chaste curiosité d'un enfant, comme si cet homme n'était pas de la même espèce que Christophe et Jean.

Le repas achevé, sir George alla, sans plus tarder, faire son rapport au consul anglais résidant à Saint-Brieuc. Christophe et Jean l'accompagnèrent et appuyèrent sa déposition de leur témoignage. Ainsi que cela se pratique en pareille occurrence, il fut décidé que sir

George attendrait, pour aller se présenter devant le conseil d'amirauté, le départ du premier bâtiment qui ferait voile pour l'Angleterre. D'ici là, le consul lui offrit l'hospitalité; mais, ne voulant point désobliger les Legoff, qui insistaient chaleureusement pour qu'il s'en revînt avec eux, sir George demanda qu'il lui fût permis d'établir sa résidence au Coat-d'Or, où d'ailleurs sa présence était nécessaire pour opérer, s'il y avait lieu, le sauvetage des débris du navire.

Le soir du même jour, une cérémonie touchante eut lieu à Bignic. A la tombée de la nuit, les trois Legoff, Jeanne et leurs serviteurs accompagnèrent sir George au cimetière du village. En marchant le long de la plage, officier aperçut les lambeaux de son pavillon que la mer y avait déposés; il les releva, les baisa tristement et les plaça religieusement sur son cœur. Grâce aux soins de Joseph, tous les cadavres ramassés sur la grève avaient été portés dans une fosse commune, creusée à l'angle du cimetière qui touchait de plus près à l'Océan. Le vieux curé avait dit pour eux la messe des morts, sans se soucier de savoir s'ils avaient été durant leur vie catholiques ou protestants. Ce fut lui qui, après les avoir bénis dans leur dernier asile, jeta sur eux la première pelletée de terre ; sir George jeta la seconde ; puis, quand le fossoyeur eut achevé l'œuvre, au milieu du silence et du recueillement des assistants, sir George planta lui-même sur le sol fraîchement remué qui recouvrait ses frères une croix de bois qu'il avait enveloppée des lambeaux du pavillon anglais. Après leur avoir dit une dernière fois adieu, il s'éloigna à pas lents, et la petite caravane reprit le chemin du château.

Le souper fut court, triste et silencieux, véritable repas de funérailles. D'ailleurs, à part les impressions lugubres qu'ils avaient rapportées, tous les convives étaient harassés. La nuit et le jour qui venaient de s'écouler avaient été rudes et laborieux pour tous. N'étant plus exalté par le sentiment impérieux des devoirs qu'il venait de remplir, sir George se soutenait à peine. Jeanne était la seule qui ne sentît point de lassitude; chez elle, l'émotion et la curiosité, le charme du nouveau, l'attrait de l'inconnu, avaient triomphé de la fatigue. Retirée dans sa chambre, au lieu de chercher le repos, elle resta longtemps accoudée sur l'appui de sa fenêtre, à contempler le magique tableau qui se déroulait devant elle.

La tempête s'était calmée : la lune montait, pleine et radieuse, dans l'azur du ciel rasséréné; l'Océan quittait ses rivages, et, mystérieusement attiré, gonflait son sein encore ému, comme pour aller se suspendre aux lèvres de sa pâle amante.

A la même heure, Joseph veillait de son côté, en proie à un malaise et à une oppression qu'il ne savait comment s'expliquer. Ainsi que Jeanne, il avait été frappé de la distinction de sir George; plus d'une fois, durant la soirée, il avait surpris les regards de sa nièce attachés sur le jeune étranger, il souffrait sans deviner pourquoi.

Jeanne veilla bien avant dans la nuit. Lorsque enfin le sommeil lui eut fermé les paupières, elle vit passer dans ses rêves, sous des traits vagues et confus qu'elle crut pourtant reconnaître, tous les types gracieux que les livres lui avaient récemment révélés.

VI.

Le lendemain, Jeanne se leva avec le jour. Elle ouvrit sa fenêtre ; l'air était doux et le ciel pur : le soleil promettait une de ces belles journées d'hiver qui semblent annoncer le retour du printemps. Excepté les serviteurs, tout le monde dormait encore au château. Sous prétexte de tuer le temps jusqu'à l'heure du déjeuner, la jeune fille revêtit son amazone, fit seller son alezan et partit au galop, accompagnée, cette fois, d'Yvon qui la suivit à cheval, conformément aux ordres que lui avait donnés Joseph depuis la dernière équipée de l'enfant. Elle glissait, vive et légère, le long de la côte. Jamais elle ne s'était sentie à la fois si calme et si joyeuse. Pourquoi? elle l'ignorait et ne se le demandait pas. A quelque distance du Coat-d'Or, elle aperçut de loin sir George, qui, debout et immobile, contemplait avec mélancolie la mer, en cet instant unie comme un miroir. Explique qui pourra les divinations de ces jeunes cœurs! Aucun des serviteurs n'avait vu sortir l'étranger; on pouvait présumer, sans faire tort à sa vigilance, qu'après les fatigues de la veille sir George reposait encore; cependant, à l'insu d'elle-même, Jeanne, en partant, était sûre de le rencontrer.

Au bruit du galop qui s'approchait, sir George tourna la tête et vit la jeune fille venir à lui, belle, fière et gracieuse comme la Diana du poète anglais.

A quelques pas de l'officier, le cheval qui

portait Jeanne se cabra sous la pression presque imperceptible du mors, et demeura immobile au temps d'arrêt.

Après l'échange des politesses obligées en pareille rencontre :

— Sir George, dit la jeune fille, vous devez être plus à l'aise sur le pont d'un navire que sur la selle d'un cheval ; cependant, s'il ne vous déplaisait pas de faire avec moi un temps de galop, je vous offrirais de prendre la monture d'Yvon et de m'accompagner ; nous pousserions jusqu'à Bignic et reviendrions ensemble au château.

A ces mots, Yvon, qui venait de rejoindre sa jeune maîtresse, ayant mis pied à terre, le capitaine de frégate sauta en selle non sans quelque grâce, et presque aussitôt les deux coursiers partirent de front et suivirent le sentier étroit qui se dessinait, comme un ruban sinueux, sur la côte. Jeanne remarqua tout d'abord que, pour un officier de marine, sir

George était un très-agréable cavalier, et qu'il aurait pu, quant à l'élégance, en remontrer sans peine à l'oncle Jean. Après avoir galopé pendant quelques instants en silence, ils ralentirent le pas de leurs bêtes, et peu à peu se prirent à causer. Jeanne raconta naïvement l'histoire du Coat-d'or et la façon étrange dont elle avait été élevée. Plus grave et plus réservé, Sir George ne conta rien de sa vie; mais il arriva qu'en toutes choses ils avaient les mêmes instincts, les mêmes goûts, les mêmes sympathies. Jeanne n'était point tout à fait étrangère à la littérature britannique; sir George avait un peu de littérature française : ils échangèrent leurs idées et leurs sentiments. On ne saurait calculer de combien de passions naissantes les écrivains se sont ainsi trouvés les complices. Les cœurs se rencontrent dans la même admiration, et ce qu'ils n'oseraient se dire l'un à l'autre, c'est le poète qui le chante.

Après avoir gravi une côte assez rapide, ils s'arrêtèrent, pour laisser souffler leurs chevaux, sur un plateau d'où l'on découvrait une vaste étendue de pays : la mer d'un côté, de l'autre les champs d'ajoncs et de bruyères ; ici le clocher élancé de Bignic, là-bas la tour massive du Coat-d'Or. A cette vue, à tous ces aspects, tandis que la jeune fille flattait de la main l'encolure nerveuse de son alezan, sir George avait laissé tomber la bride sur le cou de sa monture, et promenait autour de lui un regard étonné et rêveur.

Frappée de l'attitude de son compagnon, Jeanne en demanda la raison.

— Je ne saurais trop vous l'expliquer, jeune miss, répliqua-t-il en ramassant dans sa main la bride de son coursier ; mais vous-même, n'avez-vous jamais éprouvé ce que j'éprouve à cette heure ? Ne vous êtes-vous jamais surprise à songer qu'avant de revêtir cette enveloppe charmante, vous aviez déjà vécu sur une autre terre et sous d'autres cieux ? N'est-il pas des parfums et des harmonies qui réveillent parfois en vous de vagues souvenirs d'une patrie mystérieuse? Me voyant étonné et rêveur, vous demandez ce qui se passe en moi? Ce qui devra se passer en vous, belle enfant, lorsque vous reverrez le ciel. Il me semble reconnaître ces lieux, que je vois cependant pour la première fois; il me semble que mon âme, avant d'animer le corps qu'elle habite aujourd'hui, a jadis erré sur ces grèves désertes et sur ces landes solitaires... N'ai-je pas, en effet, respiré déjà les âpres parfums de cette sauvage nature? ajouta-t-il en aspirant avec lenteur l'odeur des bruyères et des genêts, mélangée des exhalaisons de la mer. Ainsi, chose étrange! toutes les fois qu'à l'horizon j'ai vu blanchir un rivage inconnu, j'ai senti mon cœur palpiter et mes yeux se mouiller de pleurs; je n'ai jamais touché une terre étrangère sans être tenté de m'y agenouiller aussitôt et de la baiser avec attendrissement en la nommant ma mère.

— Cette contrée mystérieuse dont nous nous ressouvenons, ce n'est point ici-bas qui nous devons la chercher, sir George, dit avec gravité la jeune fille, qui se rappelait les pieuses leçons de Joseph.

— Enfant, vous dites vrai, ajouta George avec tristesse ; les malheureux et les exilés n'ont point de patrie sur la terre.

Jeanne comprit qu'il y avait un secret douloureux dans la destinée de son hôte. Elle n'osa point l'interroger ; mais leurs regards se rencontrèrent, et, lorsqu'ils rentrèrent au Coat-d'Or, un lien invisible existait déjà entre ces deux âmes.

La présence de sir George donna une vie nouvelle au château. Les repas devinrent plus animés ; les conversations abrégèrent, en l'égayant, le cours des soirées. Sir George avait beaucoup voyagé, beaucoup vu, beaucoup observé. Sous un flegme apparent, sous un fonds de tristesse réelle, il cachait un cœur prompt à l'enthousiasme, un esprit facile et parfois enjoué. Pour employer les expressions énergiques de Christophe, c'était un Français cousu dans la peau d'un Anglais. Chez lui toutefois, l'expansion et la gaieté étaient tempérées par une longue habitude de réserve et de mélancolie. Il ne parlait jamais de lui, se mettait rarement en scène ; mais il racontait avec charme ses voyages en lointains pays. Quoique jeune encore, il avait navigué dans toutes les mers et doublé tous les continents ; les glaces de la Norvége, les rives du Bosphore et les bords de l'Indus lui étaient aussi familiers qu'à Jeanne les falaises de l'Océan qui s'étendent du Coat-d'Or à Bignic. Il connaissait le monde ancien aussi bien que le nouveau monde ; il avait visité les ruines de la vieille Égypte et les forêts de la jeune Amérique. Il disait en poète ce qu'il avait vu, ce qu'il avait senti. A tous ces récits, le nom d'Albert se mêlait sans cesse, et Jeanne écoutait, comme suspendue aux lèvres de l'étranger.

Puis venaient les vieilles querelles de la France et de l'Angleterre. C'était surtout sur ce terrain que Christophe et Jean se plaisaient à attirer leur hôte. Sir George soutenait noblement l'honneur du pavillon britannique, mais on pouvait deviner que son cœur était pour la France. Il en aimait toutes les gloires, il en respectait tous les malheurs, et presque toujours, à leur grand désappointement, Christophe et Jean trouvaient en lui un complice au lieu d'un adversaire. Sir George apportait dans toutes ces discussions une élégance de formes, une élévation d'idées et une éloquence chevaleresque qui exaltaient d'autant plus l'imagination de Jeanne, que Jean et Christophe ne l'y avaient point habituée.

Assis sous le manteau de la cheminée, Joseph se mêlait rarement à ces entretiens; les mains sur ses genoux, les pieds sur les chenets, plus que jamais triste et réfléchi, il observait tour à tour avec un secret sentiment de chagrin et de jalousie sir George et Jeanne, qui n'avait plus d'yeux et d'oreilles que pour voir et pour entendre le jeune officier. Tous deux étaient jeunes et beaux, et le pauvre Joseph, en les contemplant l'un et l'autre, ne pouvait se défendre d'un mouvement de tristesse et d'envie. Il souffrait; comment n'aurait-il pas souffert? Depuis le jour où cet étranger avait franchi pour la première fois le seuil du Coat-d'Or, c'est à peine si l'ingrate avait eu pour son oncle quelques paroles affectueuses et quelques bienveillants sourires. Sir George l'absorbait tout entière, et Joseph n'était plus qu'un roi détrôné sous ce toit où il avait tenu si long-temps le double sceptre des affections et de l'intelligence. Hélas! le spectacle de ces deux jeunes cœurs qui s'aimaient sans se le dire, et peut-être sans le savoir, lui révéla dans toute son étendue le mal de son âme, qu'il ignorait encore. Il le connut enfin, le secret de ce mal étrange, qui depuis quelque temps troublait sa veille et son sommeil. Confus et misérable, agenouillé chaque soir devant son prie-Dieu, il appela le ciel à son aide.

Quant aux deux autres Legoff, ils ne remarquaient rien, ils ne soupçonnaient rien; leur hôte les amusait, et, en voyant leur nièce reprendre la sérénité de son humeur, Christophe et Jean, sans s'en alarmer davantage, avaient repris leur sécurité. Ils jouaient ainsi tous trois, sans s'en douter, Joseph le rôle d'un amant trompé et jaloux, Christophe et Jean celui de deux maris confiants et aveugles.

Il fallait toute l'inexpérience qu'avaient ces deux hommes de la passion, non-seulement pour ne rien voir de ce qui se passait sous leurs yeux, mais aussi pour n'avoir point prévu, dès l'apparition de sir George au Coat-d'Or, ce qui allait nécessairement arriver. Oui, sans doute, ils s'aimaient, ces deux cœurs. Par quel charme aurait-il pu en être autrement? Depuis long-temps Jeanne était pour l'amour une proie toute prête. Elle entrait dans cet âge où l'amour est comme une flamme inquiète qui cherche à se poser; elle touchait à cette heure matinale où le blond essaim de nos rêves s'abat autour de la première ruche qui lui est offerte, où nous saluons comme un ange, tout exprès pour nous descendu du ciel, le premier être que nous envoie le hasard ou la Providence. Age charmant! heure trop vite envolée! La jeunesse est comme un arbre en fleurs sur le bord d'un chemin; c'est toujours sur le front du premier voyageur qui s'assied sous ses branches qu'elle secoue sa fraîcheur, ses illusions et ses parfums.

Ainsi, au point où en était Jeanne, le premier venu, il faut bien le dire, aurait eu des chances pour absorber à son profit cette sève exubérante qui ne demandait qu'à s'épandre. Or, il se trouva que la destinée servit cette enfant au gré de ses rêves, et que son imagination n'eut rien à créer à côté de la réalité. Rien n'y manqua, pas même la mise en scène, qui dépassa de beaucoup les exigences du poète. La nuit sombre, la mer en furie, le canon mêlant sa voix terrible et solennelle aux mugissements de la tempête, une frégate échouée en vue de la côte, tout l'équipage englouti par les flots, le capitaine seul arraché, malgré lui, au gouffre près de le dévorer: c'était là, assurément, plus qu'il n'en fallait pour émouvoir un cœur romanesque et le disposer en faveur du héros d'une telle aventure.

Pour mettre le comble à tant d'enchantements, ce héros avait en lui toute l'étrangeté de sa position. Il était jeune, intrépide et chevaleresque, grave et réservé, mélancolique et tendre. Enfin, comme s'il n'eût pas suffi de tant de séductions, il y avait dans sa vie un secret douloureux qui l'enveloppait d'un poétique mystère et donnait le dernier trait à sa ressemblance avec les pâles figures que toutes les jeunes filles ont plus ou moins entrevues dans leurs songes. Jeanne l'aima; comment ne l'eût-elle pas aimé? Et lui-même, à moins d'être indigne d'inspirer un si chaste amour, comment ne l'aurait-il point partagé? Comment n'aurait-il pas, en dépit de toute raison, subi le charme de tant de grâce et de beauté? Ils s'aimèrent comme deux nobles cœurs, sans y songer, sans le savoir, irrésistiblement attirés.

Vingt fois Joseph, qui suivait d'un œil inquiet les progrès que ces deux jeunes gens faisaient, à leur insu, dans l'esprit l'un de l'autre, avait été sur le point d'interroger sa nièce; la crainte d'éclairer ce cœur, en y touchant, l'en avait toujours empêché. Il comptait d'ailleurs sur le prochain départ de sir George. Cependant des semaines s'étaient écoulées sans qu'il en eût été question. Par un sentiment de délicatesse que les natures les moins déliées n'auront pas de peine à comprendre, les Legoff s'abstenaient scrupuleusement de toute allusion à ce sujet. Jeanne, enivrée, n'y songeait même pas, et sir George semblait oublier lui-même qu'il dût partir d'une heure à l'autre. Joseph comptait les jours avec anxiété; plus d'une fois il était allé, en secret, à Saint-Brieuc, s'assurer s'il ne s'y trouvait point quelque bâtiment en partance pour l'Angleterre. Ce n'était pas seulement la jalousie qui le poussait; il tremblait aussi pour le repos de Jeanne, il s'effrayait avec raison en songeant à la destinée de cette enfant. Bien souvent il avait tenté d'inquiéter la sollicitude de ses frères; mais, par une fatalité qui n'est pas sans exemple parmi les maris, il se trouva que Christophe et Jean, si susceptibles et si jaloux à l'endroit de leur nièce, s'étaient engoués tout d'abord du seul homme qui dût leur porter naturellement quelque ombrage, et qu'ils avaient en lui la confiance la plus naïve et la plus absolue, ce que nous pourrions appeler une confiance conjugale.

Jeanne et sir George continuaient donc de se voir à toute heure, en pleine liberté. Christophe et Jean n'y voyaient aucun mal ; ils n'étaient point fâchés de faire savoir à un officier de la marine anglaise de quelle façon on entendait l'hospitalité sur les côtes de France ; ajoutez qu'ils se paraient de leur nièce comme d'un joyau qu'ils étaient fiers d'exposer à l'admiration d'un étranger. Plus clairvoyant, Joseph les surveillait avec une vigilance ombrageuse ; mais, quoi qu'il pût imaginer, le pauvre garçon y perdait son temps et sa peine. La jeune fille trouvait toujours, pour lui échapper ou pour l'éloigner, quelque ruse innocente, quelque prétexte ingénieux.

Les accompagnait-il dans leurs excursions sur la grève, si la brise fraîchissait, Jeanne s'apercevait bientôt qu'elle avait oublié son châle ou son manteau ; si le soleil brillait à pleins rayons, c'était son voile ou son ombrelle. Et le bon Joseph de courir au Coat-d'Or, pour revenir à toutes jambes, un cachemire sur le bras ou bien une ombrelle à la main. Mais vainement cherchait-il des yeux Jeanne et sir George, vainement criait-il leurs noms à tous les échos du rivage : les deux ramiers s'étaient envolés ; et, quand le soir les ramenait au gîte, si Joseph faisait mine de vouloir sermonner l'enfant, Jeanne se récriait aussitôt, affirmait qu'elle avait attendu Joseph, le grondait de n'être point revenu, se plaignait à l'avance d'un rhume ou d'un coup de soleil qu'elle devrait à coup sûr à sa négligence, tout cela avec tant d'esprit et de gentillesse, que Christophe et Jean se rangeaient bien vite de son côté, et que Joseph se voyait tancé par tout le monde.

Ce qui le tourmentait surtout, c'étaient les courses à cheval du matin. Jeanne partait seule, au soleil levant, accompagnée d'Yvon.

Sir George ne manquait jamais de se trouver, à cette heure, sur la côte, et le serviteur lui prêtait sa monture, qu'il reprenait ensuite pour rentrer au château avec sa jeune maîtresse. Joseph, qui se doutait de ce petit manége, s'avisa de vouloir, un matin, accompagner sa nièce à la place d'Yvon. Jeanne y consentit de bonne grâce et fit faire à son oncle huit lieues au galop avant l'heure du déjeuner. Quand Joseph rentra au Coat-d'Or, il fallut l'enlever de dessus sa selle et le déposer doucement sur le coussin le plus moelleux qu'on put trouver dans la maison. Il était brisé, moulu et point tenté de recommencer.

Ainsi la cruelle enfant se jouait sans pitié de l'âme la plus tendrement dévouée. Mais telle est l'histoire de tous ces jeunes cœurs : à peine s'éveillent-ils à la passion, que tout le reste n'est plus compté pour rien. Amis, parents, famille, les affections les plus sacrées, les tendresses les plus légitimes, tout pâlit et s'efface aux premières clartés de l'amour. Rosine se serait jouée de son tuteur, quand même celui-ci eût été le meilleur des pères. L'amour est le premier chapitre du grand livre des ingratitudes.

Quel besoin d'ailleurs ces deux jeunes gens avaient-ils de ruses et de mystères ? Craignaient-ils que Joseph ne surprît leurs regards ou leurs discours ? Leurs discours étaient tels que l'ange gardien de Jeanne put se réjouir en les écoutant; les regards qu'ils échangèrent ne furent jamais que les plus purs rayons de leurs nobles et belles âmes. Le monde entier aurait pu, sans que la rougeur montât à leur front, les observer et les entendre. Comment se seraient-ils dit qu'ils s'aimaient ? chacun d'eux ne se l'était point encore dit à lui-même. Ils allaient doucement le long des grèves, s'entretenant des choses qu'ils savaient, enjoués parfois, graves plus souvent, Jeanne appuyée sur le bras de George, tous deux s'abandonnant sans défiance au charme qui les attirait. Le but le plus ordinaire de leurs petites excursions était le coin de terre qui renfermait les compagnons de George;

Jeanne se plaisait à l'entendre parler de ce jeune Albert qu'il avait tant aimé et qu'elle se surprenait elle-même à regretter. Quand le soleil avait échauffé le sable fin et doré de la plage, ils se retiraient dans quelque baie mystérieuse, et là, assis l'un près de l'autre, tandis que les vagues expiraient à leurs pieds, ils lisaient un livre qu'ils avaient emporté, et qu'ils fermaient bientôt pour reprendre leurs entretiens.

C'est ainsi que passaient leurs jours, et le bonheur de Jeanne eût été sans trouble, de même qu'il était sans remords, si les sombres mélancolies auxquelles sir George se laissait aller parfois n'avaient rempli son cœur d'une préoccupation incessante, mêlée d'inquiétude et d'effroi. Plus d'une fois elle avait essayé de soulever d'une main délicate le voile qui enveloppait la destinée de ce jeune homme, mais toujours vainement, et, sous peine de paraître indiscrète, Jeanne avait dû se résigner à ne rien savoir de cette vie qu'elle n'aurait voulu connaître que pour en consoler les douleurs.

Un jour, tous deux étaient assis, ainsi que nous venons de le dire, sur le sable d'une de ces petites anses naturelles que les flots ont creusées dans le flanc des rochers qui bordent le rivage. On touchait au printemps; avril venait de naître. De petites fleurs blanches et roses, épanouies çà et là dans les anfractuosités du roc, se réjouissaient sous les chauds baisers du soleil. Les oiseaux chantaient dans les landes, la terre rajeunie mêlait ses doux parfums aux âpres senteurs de la mer. Jeanne et sir George avaient subi à leur insu ces influences amollissantes. La jeune fille était rêveuse, George silencieux et troublé. Ils avaient essayé de lire, mais le livre s'étant échappé de leurs mains, ni lui ni elle n'avait songé à le reprendre. Ils étaient si près l'un de l'autre, que parfois les cheveux de l'enfant, que lutinait la folle brise, effleuraient le visage du jeune homme enivré. Ils se taisaient; les flots jetaient à leurs pieds leurs franges d'argent; l'Océan les berçait de son éternelle harmonie; le soleil les inondait d'or et de lumière. Ce qui devait arriver arriva. Depuis long-temps attirées, leurs âmes se confondirent. Sans y songer, Jeanne appuya son front sur l'épaule de George; leurs mains se rencontrèrent, et long-temps ils restèrent ainsi, muets, immobiles, abîmés et perdus dans le sentiment de leur bonheur.

A quelques pas de là, debout sur la grève, Joseph les contemplait d'un air souffrant et d'un œil jaloux. Ils étaient là tous deux, si jeunes, si charmants, pareils à deux printemps en fleur! On eût dit que le soleil les regardait avec amour, que la brise était heureuse de les caresser, et que les champs, la mer et toute la nature étaient complices de leurs félicités. A ce tableau, Joseph sentit son cœur qui s'éteignait dans sa poitrine. Il cacha son visage entre ses mains, et le pauvre garçon pleura.

Cependant le soleil commençait à descendre vers l'horizon. Jeanne et sir George se levèrent et reprirent le chemin du Coat-d'Or. Ils n'avaient point échangé une parole; c'est à peine si leurs regards s'étaient rencontrés, mais ils s'étaient compris l'un l'autre. Ils revinrent à pas lents, silencieux. Tous deux rayonnaient d'une vie nouvelle; mais tout à coup, à l'insu de Jeanne, le cœur de sir George se serra, et son front se chargea de nuages.

VII.

Lorsqu'il entra dans le salon, Joseph était si pâle et si défait, que Christophe et Jean, qui achevaient en cet instant une partie d'échecs, se levèrent, tout effrayés du bouleversement de ses traits. Leur esprit alla droit à Jeanne.

— Que se passe-t-il? qu'est-il arrivé à Vaillance?

Tel fut leur premier cri à tous deux.

Joseph s'était laissé tomber sur une chaise et tenait sa tête cachée entre ses mains.

— Parle donc, malheureux? s'écria Christophe en le secouant par le bras.

— Que se passe-t-il? répéta Jean avec anxiété.

— Ce qui se passe, mes frères! dit enfin Joseph d'une voix tremblante; vous me demandez ce qui se passe! Comment, grand Dieu! ne le savez-vous pas?

— Mais, triple oison! s'écria Jean en frappant du pied, si nous le savions, nous ne le demanderions pas.

— Eh bien! dit Joseph en faisant un effort sur lui-même, Jeanne, notre nièce, notre enfant bien-aimée, la joie de ce foyer, l'orgueil du Coat-d'Or, notre amour, notre vie enfin...

— Morte! s'écrièrent à la fois les deux frères.

— Morte pour nous, si nous n'y prenons garde, dit Joseph avec désespoir.

— Mais parle donc, malheureux, parle

donc! s'écria Christophe d'un ton de colère suppliante.

— Eh bien! reprit Joseph, cet étranger que nous avons reçu sous notre toit, cet officier, cet Anglais, sir George... Mes frères, maudit soit le jour où cet homme a franchi le seuil de notre maison!

Jean et Christophe étaient sur des charbons ardents.

— Eh bien! s'écrièrent-ils; Jeanne et sir George...

— Ils s'aiment!

Un aérolithe, crevant le toit du Coat-d'Or et tombant aux pieds des deux frères, les aurait frappés de moins de stupeur et de moins d'épouvante.

Ils restèrent atterrés, sans voix, sans mouvement, foudroyés sur place.

— C'est impossible, dit enfin Christophe;

Vaillance Legoff ne peut pas aimer un Anglais.

— Jeanne n'oublierait pas à ce point, ajouta Jean, ce qu'elle doit à son nom, à son pays, à la mémoire de son père, aux cendres de Napoléon.

— Jeanne a seize ans, elle aime, elle oublie tout, s'écria Joseph.

Et il raconta ce qu'il avait vu, ce qu'il avait observé depuis l'entrée de sir George au Coat-d'Or. Non-seulement il prouva que ces deux jeunes gens s'aimaient, mais encore il démontra clairement qu'ils ne pouvaient pas ne point s'aimer, et qu'il n'y avait d'étrange en tout ceci que l'aveuglement et la sécurité des deux oncles. Toutefois, dans tout ce qu'il put dire, il n'y avait riende bien alarmant; mais, emporté par le sentiment jaloux qui l'aiguillonnait, Joseph mit à ce récit tant d'émotion et de chaleur, que les deux autres durent naturellement supposer le désastre plus grand que Joseph ne le pensait lui-même.

— Malédiction! s'écria Jean; puisque tu voyais tout, que n'as-tu donc parlé plus tôt?

— J'attendais, je doutais encore, répondit humblement Joseph; je comptais sur le prochain départ de notre hôte; je craignais de troubler inutilement votre repos et celui de Jeanne.

Le marin et le soldat marchaient à grands pas dans la chambre, comme deux loups-cerviers dans leur cage.

Pour bien comprendre la fureur et l'exaspération de ces deux hommes, il faut avoir bien compris déjà quel amour insensé ils avaient pour leur nièce. Qu'on s'imagine deux bêtes fauves auxquelles on vient de ravir leurs petits.

— Allons, s'écria brusquement Christophe en se jetant sur une paire de pistolets suspendus au manteau de la cheminée dans un étui de serge verte, vengeons du même coup la mort du père et l'honneur de l'enfant! ... Si je suis tué, Jean, tu me remplaceras. Si Jean succombe, une fois dans ta vie auras-tu du cœur, toi ? demanda-t-il énergiquement à Joseph.

—Si tu n'as pas le courage de te battre, ajouta Jean, jure devant Dieu que tu le prendras en traître, comme il nous a pris, et que tu l'assassineras.

—Tue-le comme un chien, dit Christophe.

— C'est un Anglais, s'écria Jean; les hommes te béniront; et Dieu te pardonnera.

Ils étaient de bonne foi dans leur haine et s'exprimaient avec plus de sang-froid et de conviction qu'on ne pourrait croire. L'amour qu'ils avaient dans le cœur pouvait faire de ces hommes des chiens caressants ou des tigres furieux.

—Voici ce que je craignais, s'écria Joseph avec effroi; voici pourquoi j'hésitais encore aujourd'hui, à vous entretenir de ces choses.

Mes frères, le mal n'est pas si grand que vous l'imaginez, et ce serait l'aggraver que de s'y prendre de la sorte. Dieu merci, l'honneur de Jeanne n'est point en question; il ne s'agit ici que du bonheur et du repos de notre nièce. Vous calomniez notre enfant et notre hôte. Ils n'ont fait qu'obéir, peut-être sans s'en douter, au charme de la jeunesse qui les entraînait l'un vers l'autre. Jeanne est aussi pure que belle; sir George...

— Est un misérable! s'écria Christophe; je le tiens pour un lâche, et me charge de le lui dire en face!

A ces mots, la porte s'ouvrit, et sir George entra, plus grave que de coutume. Il avait l'air si froid, si calme et si digne, que les trois frères restèrent un instant muets sous son regard. Enfin, Christophe déposa sur une table les pistolets qu'il tenait à la main, et marcha droit à l'étranger.

— Je répète, monsieur, que je vous tiens

pour un lâche ! dit-il en lui mettant une main sur l'épau e.

Après avoir ôté poliment la lourde main que Christophe venait d'appuyer sur lui :

— Monsieur, répondit sir George avec sa froideur habituelle, je doute que ce soit à moi que s'adresse un pareil langage.

— A vous-même, sir George, à vous seul. Écoutez-moi, monsieur, reprit aussitôt Christophe sans lui laisser le temps de répondre. En vous sauvant la vie au péril de la mienne, je n'ai fait que mon devoir ; je ne m'en vante pas. Seulement, ce devoir accompli, j'étais quitte envers vous et ne vous devais rien. Rien ne m'obligeait, en effet, à vous ouvrir cette maison. En danger de mort, vous étiez un homme pour moi ; vivant et sauvé, vous n'étiez plus qu'un Anglais. Notre nation a de tout temps détesté la vôtre. Nous autres Legoff, nous vous haïssons comme peuple, comme gouvernement, comme individus. Ce nom d'Anglais résonne mal à nos oreilles. C'est un Anglais qui a tué notre frère Jérôme. Cependant, touchés de votre malheur, nous vous avons reçu comme un frère. Vous avez pris place à notre table, vous avez dormi sous notre toit; en un mot, vous êtes devenu notre hôte. Dites, nous est-il arrivé de faillir aux lois de l'hospitalité? Avez-vous jamais rencontré céans d'autres cœurs et d'autres visages que des cœurs amis et des visages bienveillants?

— Je n'oublierai jamais, dit sir George, votre hospitalité généreuse.

— Veuillez croire que notre mémoire sera aussi fidèle que la vôtre, monsieur, et que nous nous souviendrons toujours de quelle façon vous l'avez reconnue, cette hospitalité qui a du moins eu le mérite d'être franche, cordiale et sincère.

— Que voulez-vous dire? demanda sir George avec fierté.

— Je veux dire, monsieur, s'écria Christophe d'une voix tonnante, que vous avez honteusement trahi notre confiance. Je veux dire que nous avions un trésor auquel nous tenions plus qu'à notre propre vie, et que vous avez cherché lâchement à nous le ravir. Je veux dire que vous avez indignement abusé de votre jeunesse et de notre sécurité pour séduire un cœur sans défense. Je veux dire enfin qu'en échange de l'accueil que vous y receviez, vous avez apporté à ce foyer le trouble, la honte et le désespoir.

— C'est l'action d'un traître et d'un félon, ajouta Jean. Nous sommes trois ici pour en tirer vengeance.

Immobile dans son coin, Joseph ne soufflait mot. Il s'était retiré sous le manteau de la cheminée pour laisser éclater la mine dont il avait allumé la mèche.

— Je vous comprends, messieurs, dit enfin sir George avec dignité. C'est vrai, ajouta-t-il en élevant la voix et en s'adressant aux trois frères, j'aime votre nièce. Si c'est une lâcheté et une félonie que de n'avoir pu contempler, sans en être épris, tant de grâce et de charme, tant d'innocence et de beauté, vous ne vous trompez pas, je suis un félon et un traître; mais, j'en atteste le ciel, et vous en pouvez croire un homme qui ne sait point mentir, je n'ai jamais touché qu'avec vénération à ce jeune cœur, que vous m'accusez d'avoir voulu troubler et surprendre. Vis-à-vis de cette noble enfant, mon attitude a toujours été celle d'un frère grave et respectueux. Je l'aime; mais jamais mes lèvres n'ont trahi devant elle le secret de mon âme.

— Si vous l'aimez, c'est tant pis pour vous, répliqua brutalement Christophe, qui, bien que rassuré d'ailleurs, pensa que sir George voulait en arriver à une demande en mariage. Tenez, monsieur, ajouta-t-il d'un ton radouci, je vais vous parler franchement. Notre nièce, voyez-vous, c'est notre vie; nous séparer d'elle, autant vaudrait nous arracher à tous trois les entrailles. Vous êtes jeune, le monde est grand, et les femmes ne sont pas rares; vous en trouverez vingt pour une, et n'aurez que l'embarras du choix. Nous nous faisons vieux, nous autres; cette enfant est toute notre joie. Nous l'aimons au delà de tout ce que je pourrais exprimer. Interrogez Jean et Joseph; tous deux vous répondront, comme moi, que, tant que l'un de nous vivra, Jeanne ne se mariera pas.

— Mais qui vous dit... s'écria sir George.

— Tout ce que vous pourriez ajouter serait inutile, dit Jean en l'interrompant. Nous avons décidé que Jeanne ne se marierait jamais, et vous comprenez bien, monsieur, ajouta-t-il en appuyant sur chaque mot, que, si nous devions nous départir d'une pareille résolution, ce ne serait point en faveur de l'Angleterre.

— Nous ne voulons pas, ajouta Christophe, que les os de notre frère se lèvent pour nous maudire.

VAILLANCE.

— Ni que les os de notre empereur, reprit Jean, se dressent pour nous accuser d'avoir mêlé le sang français au sang d'Hudson Lowe.

— Sir George, dit à son tour Joseph avec douceur, que votre cœur essaie de nous comprendre. Jeanne est notre enfant adorée ; elle est l'air que nous respirons et le soleil qui nous réchauffe. Songez que nous étions perdus, et que notre famille menaçait de s'éteindre dans la honte et dans la débauche, quand Dieu, pour nous retirer de l'abîme, nous envoya cet ange sauveur! Quelque digne que vous puissiez être de posséder un semblable trésor, jamais nous ne consentirons...

— Encore une fois, messieurs, s'écria sir George avec un léger mouvement d'impatience, à quoi bon tous ces discours? Je ne suis point ici pour vous demander la main de miss Jeanne ; je sais mieux que personne à quel titre tant de bonheur m'est interdit et quelle serait ma folie d'y prétendre. Dieu m'est témoin, ajouta-t-il avec mélancolie, que je ne me suis pas un seul instant bercé d'un si doux espoir. Voici quelques heures à peine, j'ignorais encore le secret de mon cœur. J'ai compris, en le découvrant, qu'il ne m'était plus permis désormais d'habiter parmi vous sans forfaire à l'honneur, et je suis venu, sans hésiter, pour prendre congé de vous, mes hôtes.

A ces paroles, Christophe et Jean restèrent presque aussi stupéfaits qu'ils l'avaient été en recevant les révélations de Joseph. Joseph, de son côté, se sentit délivré d'un grand poids et se mit à respirer plus à l'aise. Tous trois furent touchés de la loyauté de sir George; mais ils se hâtèrent de la prendre au mot, peu curieux qu'ils étaient de garder plus longtemps un tel hôte, et pensant avec raison que le plus honnête loup du monde ne saurait être à sa place dans une bergerie. D'ailleurs, tout en reconnaissant que sir George venait de se conduire en tout ceci comme un galant homme, ils n'en étaient pas moins portés contre lui par un vif sentiment de rancune et de jalousie.

— Puisqu'il en est ainsi, monsieur, dit assez sèchement Christophe, je retire les paroles un peu dures que je vous ai adressées dans un mouvement de colère que je croyais légitime alors. Si je savais quelque autre réparation qui pût vous être plus agréable, je n'hésiterais point à vous l'offrir.

— Je n'ai pas besoin de réparation, monsieur, répondit sir George avec noblesse; les paroles que vous adressiez à un lâche ne sont point arrivées jusqu'à moi.

— Nous reconnaissons sir George pour un galant homme, dit Joseph.

— Sans doute, sans doute, ajouta Jean, et, puisque sir George tient absolument à coucher ce soir à Saint-Brieuc, je vais donner des ordres pour qu'on lui selle un cheval; Yvon l'accompagnera.

— Comme il s'agit de votre repos plus encore que du nôtre, dit Christophe, je pense, monsieur, que nous aurions mauvaise grâce à vouloir vous garder plus long-temps. Votre probité nous est un sûr garant que vous ne chercherez point à revoir notre nièce.

— Je vous en donne ma parole, répondit sir George avec une expression d'héroïque résignation.

Deux chevaux sellés et bridés piaffaient dans la cour du château.

Près de s'éloigner, sir George promena autour de cette chambre, qu'il allait quitter pour jamais, un long et triste regard, puis d'une voix solennelle :

— Mes hôtes, dit-il, adieu ! adieu, franchise, honneur et loyauté que j'ai trouvés assis à ce foyer ! Adieu, grâce et beauté dont j'emporte le parfum dans mon cœur ! Adieu, demeure hospitalière dont le souvenir me suivra partout ! Si mes vœux montent jusqu'au ciel, mes hôtes, vous aurez de longs jours exempts d'ennuis et de misères, et vous vieillirez dans la joie de vos âmes, sous les ailes de l'ange qui habite au milieu de vous. Allons, messieurs, ajouta-t-il en tendant sa main ; ma main est digne de toucher les vôtres.

A ce moment suprême, les trois Legoff se sentirent émus. Ils s'étaient pris pour ce jeune homme d'une affection vive et sincère ; Joseph lui-même, malgré toutes les amertumes dont il l'avait abreuvé durant son séjour au Coat-d'Or, n'avait pu s'empêcher de rendre justice aux aimables qualités de sir George. En le voyant près de partir, sa paupière se mouilla de pleurs. Christophe lui ouvrit ses bras et le tint long-temps embrassé. Jean l'embrassa aussi à plusieurs reprises.

Enfin, quand ce fut le tour de Joseph, ils se pressèrent l'un contre l'autre avec effusion et répandirent des larmes abondantes. Ils souffraient du même mal ; on eût dit que leurs douleurs se comprenaient.

— Vous êtes un noble cœur ! s'écria Joseph en sanglotant.

— Mais, mille tonnerres ! disait Christophe en essuyant ses yeux, pourquoi ce brave garçon a-t-il été s'amouracher de cette petite fille?

— Que le diable emporte les amours ! ajouta Jean avec un geste de colère.

— Adieu ! adieu ! s'écria sir George d'une voix déchirante, en s'arrachant des bras de Joseph ; pour la dernière fois, adieu !

A ces mots, il sortit d'un air égaré, se précipita dans la cour, se jeta sur la selle du cheval qui l'attendait, et, suivi d'Yvon, partit au galop pour ne s'arrêter qu'à Saint-Brieuc.

VIII.

Cependant, que faisait la jeune fille? La joie est, comme la douleur, amie du silence. Jeanne, en rentrant au Coat-d'Or, s'était retirée dans sa chambre, et, tandis que sir George s'éloignait de ces lieux pour n'y plus revenir, l'enfant s'emparait avec ivresse du bonheur qui lui échappait; elle s'abandonnait follement aux promesses de l'avenir, elle élevait avec complaisance l'édifice gracieux de sa destinée. A cet âge, l'amour n'entrevoit point d'obstacles; habituée d'ailleurs à voir ses oncles obéir en esclaves à ses plus frivoles caprices, cette jeune reine pouvait-elle supposer qu'ils résisteraient à un désir sérieux de son cœur? Il ne lui vint même pas à l'idée d'y songer. Elle refusa de descendre à l'heure du dîner, car telles sont les vraies joies de l'amour, qu'elles préfèrent parfois la solitude à la présence de l'être aimé. Jeanne avait besoin d'être seule pour écouter les mille voix charmantes qui chantaient dans son sein. Pour la première fois, elle prit plaisir à se regarder dans sa glace et à se trouver belle. Elle pleurait et riait à la fois. Elle se jetait sur son lit tout en larmes, puis courait toute joyeuse à sa fenêtre, pour contempler avec un sentiment de reconnaissance la mer, moins vaste et moins profonde que la félicité qui remplissait son âme, cette mer dont elle bénissait les fureurs, car Jeanne se rappelait avec délices la nuit orageuse qu'elle avait passée tout entière, debout, à cette même place, tandis que le canon grondait au milieu des cris de la tempête.

— Il est triste, se disait-elle, je le consolerai; il est pauvre sans doute, je le ferai riche; il aime la France, je la lui donnerai pour patrie. Il me devra tout, et je serai son obligée. Nous vivrons au Coat-d'Or, nous l'embellirons de nos tendresses mutuelles. Nos oncles achèveront de vieillir près de nous; notre bonheur les rajeunira, et les caresses de nos enfants égaieront la fin de leurs jours.

A ce tableau, elle battait des mains et se plongeait dans de longs attendrissements mêlés de pleurs et de sourires.

Yvon la surprit au milieu de ces rêves et de ces transports. Il entra sans bruit, lui remit une lettre à la dérobée, comme si Jeanne n'avait pas été seule, puis s'esquiva d'un air mystérieux, sans avoir dit une parole.

Le frisson de la mort passa sur le cœur de la jeune fille. Elle pâlit et resta plusieurs minutes les yeux fixés avec terreur sur cette lettre qu'elle tenait sans oser l'ouvrir.

Enfin elle brisa le cachet, déplia d'une main tremblante le papier qu'enfermait l'enveloppe, et lut d'un seul regard ces quelques lignes tracées à la hâte :

« J'ai dû m'éloigner sans vous voir; mais je ne veux point partir sans vous envoyer l'éternel adieu. Votre vie sera belle, si le ciel, comme je l'en prie, ajoute ma part de bonheur à la vôtre; puisse ainsi la destinée se racquitter envers moi, jeune amie! Je vais reprendre le fardeau de mes jours; mais il est une étoile que je verrai briller dans mes plus sombres nuits. Allez parfois vous asseoir sur le gazon qui couvre les restes de mon cher Albert : songez qu'il fut long-temps ce que j'aimai le mieux et le plus sur la terre. Quand le printemps émaillera les prés, cueillez quelques fleurs sur sa tombe et jetez-les une à une à la mer, souvent mes yeux les chercheront et croiront les apercevoir dans le sillage de mon navire. Vous êtes jeune, vous m'oublierez sans doute : je voudrais vous laisser un gage qui me rappelât sans cesse à votre cœur; mais les flots ne m'ont rien laissé, rien que cette petite relique. Portez-la, miss Jeanne, en souvenir de moi; je l'ai bien souvent interrogée; bien souvent, en la couvrant de mes baisers et de mes larmes, je lui ai demandé le secret de ma triste vie. Puisque je n'attends plus rien ici-bas, acceptez-la, c'est mon seul héritage. Il m'est doux de penser, en la détachant de mon col, que vous la suspendrez au vôtre.

» GEORGE. »

A cette lettre, était jointe une petite relique d'argent, suspendue à une chaîne de cheveux éraillés par le temps et par le frottement.

Élevée en toute liberté, nature franche et primitive, Jeanne ignorait la feinte et la dissimulation tout aussi bien que la résignation et la patience. Si chaste et si pure qu'elle ne soupçonnait même pas la réserve que les convenances imposent à la passion, elle devait, sous le coup d'une impression vraie, agir spontanément, sans réflexion, sans frein et sans entraves. Elle ne fit qu'un bond de sa chambre au salon.

Les trois Legoff s'y trouvaient encore réunis.

Assis autour de l'âtre, ils se concertaient sur la façon dont ils devaient s'y prendre pour annoncer à Jeanne le départ de sir George; ils ne se dissimulaient pas qu'il leur restait encore fort à faire, et qu'ils auraient difficilement raison de leur nièce. Joseph surtout, qui était descendu dans ce cœur, en pressentait avec effroi les révoltes et le désespoir. Ils s'effrayaient aussi tous trois de l'avenir, car ils savaient déjà par expérience combien une jeune fille est un trésor difficile à garder.

— J'espère, disait Jean, que nous voici guéris pour long-temps du mal de l'hospitalité! Le père éternel viendrait frapper lui-même à la porte du Coat-d'Or, que je ne lui ouvrirais pas.

— Mon frère, répondit Joseph, qu'effarouchait toujours l'impiété de l'ancien caporal, rappelez-vous que c'est pour avoir empêché le fils de Dieu de s'asseoir sur le banc de sa porte, que le Juif errant fut condamné à marcher sans cesse ni repos.

— Que le diable vous emporte, toi et ton juif errant! s'écria Jean en haussant les épaules avec humeur. Penses-tu qu'il soit agréable d'avoir au logis un pèlerin qui lampe votre vin de Bordeaux et vous exprime sa reconnaissance en enlevant le cœur de votre nièce?

— Ils peuvent bien tous se noyer comme des rats! ajouta Christophe; que je sois pendu si je leur jette seulement le bout d'une ficelle!

— Oui, dit Jean, le sauvetage t'a bien réussi! c'est un joli succès, tu peux t'en vanter!

— Mes frères, répliqua Joseph, il ne sied pas de regretter le bien qu'on a pu faire : Dieu nous en récompense tôt ou tard, ici-bas ou là haut, dans ce monde ou dans l'autre.

— Merci! dit Jean; en attendant, tire-nous de là, ajouta-t-il en voyant la porte du salon s'ouvrir violemment et Jeanne apparaître, pâle comme un marbre, les cheveux en désordre et l'œil étincelant.

— Sir George, où est sir George? demanda-t-elle d'une voix tremblante.

— Mon petit ange, répondit Christophe de son air le plus doux et de sa voix la plus caressante, sir George a reçu l'ordre de se rendre immédiatement à Saint-Brieuc; un sloop en partance pour l'Angleterre n'attendait plus que lui pour mettre à la voile. Notre hôte a bien regretté de ne pouvoir te baiser la main avant son départ; mais tu conçois qu'il n'avait pas de temps à perdre...

— Parti! s'écria Jeanne d'une voix ardente et brève : c'est impossible, mes oncles; sir George ne doit point partir.

— Chère enfant, dit Joseph, il reste à sir

George de graves devoirs à remplir. Il a des comptes à rendre devant le conseil d'amirauté de son pays. Il y va de bien plus que sa vie, puisqu'il y va de son honneur.

— Je vous dis, moi, que c'est impossible, s'écria Jeanne avec fermeté. Il y a des raisons pour que sir George ne parte point. Il faut courir et le ramener. Ce n'est point de son gré que sir George a quitté ces lieux, je le sais, je le sens, j'en suis sûre. Il n'y a point de sloop à Saint-Brieuc prêt à partir pour l'Angleterre : le vent est contraire ; je m'y connais. Vous me trompez.

—Voyons, voyons, dit à son tour Jean d'un air patelin, voici des enfantillages ! En fin de compte, qu'y a-t-il de changé autour de toi ? Ne sommes-nous plus tes vieux oncles ?

— Oui ! s'écria-t-elle en passant tout d'un coup de l'exaltation à l'attendrissement ; oui, vous êtes toujours mes vieux oncles, mes bons et vieux amis, n'est-ce pas ? Oui, je suis toujours votre enfant bien-aimée, ajouta-t-elle d'une voix suppliante, en allant de l'un à l'autre et en les embrassant tour à tour. Mon oncle l'amiral, vous m'avez appelée du nom de votre brick. Mon oncle le colonel, vous êtes mon parrain; je porte votre nom. C'est vous qui le premier m'avez bercée sur votre noble poitrine; c'est vous qui m'avez appris à chérir les armes de la France et la gloire de votre empereur. Et toi, mon bon Joseph, toi dont les prières sont si agréables à Dieu, je suis ton élève, ta sœur et ta compagne.

— Ah! sirène! ah! serpent! murmura Christophe en essayant, mais vaincment, de surmonter son émotion.

— Puisque vous m'aimez, reprit-elle, vous ne voulez pas que je meure, car elle en mourrait, votre Jeanne!

— Mourir! s'écrièrent-ils tous trois, en se pressant autour de leur nièce.

— Mes oncles, dit Jeanne avec une noble

fierté, j'aime sir George, il m'aime. Je l'ai déjà nommé mon époux dans mon cœur; si je le perds, votre nièce est veuve, et n'a plus qu'à mourir.

— Quelle folie! dit Jean; un méchant petit officier de marine qui n'a pas le sou!

— Je l'aime et je suis riche, répondit la jeune fille.

— Un maladroit, dit Christophe, qui ne sait même pas les éléments de son métier, et que l'amirauté britannique devrait faire passer par les verges sur l'une des places de Londres!

— Qu'importe, si je l'aime? répondit Jeanne avec orgueil.

— Un jeune homme, dit Joseph, dont nous ne connaissons ni les antécédents ni la famille.

— Je l'aime et veux être sa femme, répliqua l'inflexible enfant.

—Mais, Jeanne, tu n'y réfléchis pas ! s'écria Christophe. Tu oublies que sir George est Anglais, que c'est un Anglais qui a tué ton père et t'a faite orpheline au berceau !

—Songe, mon enfant, dit Joseph, que sir George appartient sans doute à la religion protestante !

—Tout cela m'est égal, répondit Jeanne. Je l'aime et le veux pour mari.

Ainsi l'on put voir aux prises, d'un côté l'égoïsme de l'amour, de l'autre l'égoïsme de la famille. Tous deux furent inexorables. On procéda d'abord, de part et d'autre, par la prière et par les larmes; on finit par en arriver aux récriminations et à la colère. Christophe, Jean et Joseph lui-même pensaient au fond que l'amour de Jeanne n'était guère qu'un enfantillage; mais, quand bien même ils en eussent apprécié toute la gravité, ces hommes n'auraient jamais consenti à donner leur nièce à sir George, tant ils étaient convaincus qu'ainsi mariée, leur nièce était perdue pour eux. Vainement donc elle les supplia; ils se montrèrent impitoyables. Vainement ils s'efforcèrent de l'amener à leur sentiment; ils la trouvèrent inébranlable.

— Chère et cruelle enfant, s'écria Joseph, qui voulut tenter un dernier effort, n'es-tu donc pas bien heureuse ainsi, et quel besoin insensé te presse d'échanger ta jeune liberté contre les soucis du mariage! Tu commences la vie à peine, et voici que déjà tu veux t'en chaîner par des liens éternels! que manque-t-il à ton bonheur?

— Sir George, répondit Jeanne avec un implacable sang-froid.

Le pauvre Joseph ne se sentit pas le courage de pousser plus loin un discours dont l'exorde venait d'obtenir un si brillant succès.

— Va, tu n'es qu'une ingrate! s'écria Jean avec amertume.

— Oui, s'écria Christophe avec emportement, et je ne pense pas qu'il y ait jamais eu sous le ciel un cœur si ingrat que le tien. Oublie donc ce que tes oncles ont été pour toi; hâte-toi d'en perdre tout à fait la mémoire, si tu ne veux pas que ta propre conscience se soulève pour te maudire.

— Je vous comprends, dit Jeanne en pleurant, et je lis enfin dans vos âmes. Allez, vous ne m'avez jamais aimée! Non, jamais vous ne m'avez aimée, barbares! J'ai maintenant le secret de vos égoïstes tendresses. Je n'ai d'abord été pour vous qu'un jouet, qu'un amusement, qu'une distraction. Plus tard, c'est votre orgueil qui m'a parée et non pas votre amour. Je n'ai dû qu'à votre vanité vos caresses et vos présents. Il ne vous a plu d'embellir ma jeunesse que pour animer votre maison, égayer vos loisirs. Encore à cette heure, ce n'est point votre affection qui tremble de me perdre, c'est votre égoïsme qui se révolte et qui s'indigne à l'idée que ma destinée pourrait ne plus se borner à charmer vos journées oisives. Et c'est moi que vous accusez de cruauté et d'ingratitude! Si je pouvais vous ouvrir ce cœur, vous y verriez, hommes sans pitié, que je vous associais avec joie à tous mes rêves de bonheur. Quand je serais ingrate, d'ailleurs! s'écria-t-elle avec désespoir. Est-ce ma faute, à moi, si dans votre Coat-d'Or on se meurt de tristesse et d'ennui? Est-ce ma faute, si vous n'êtes pas à vous trois le monde entier et la vie tout entière? Que me font vos parures, vos diamants, vos bijoux, si je ne dois être jeune et belle que pour les goëlands de ces rivages! Mes oncles, prenez-y garde! j'ai de votre sang dans les veines. Vous m'avez appelée Vaillance : je suis fille à vous prouver tôt ou tard que j'étais digne de me nommer ainsi.

—Mais, malheureuse égarée! s'écria Christophe, inspiré par le diable; tu ne vois donc rien, tu ne comprends donc rien! Le mystère dont s'enveloppait sir George, la mélancolie de ce jeune homme, sa répugnance à nous entretenir de sa vie et de sa personne, tout cela ne t'a donc rien dit? Il ne t'est donc jamais arrivé de penser que sir George n'était plus libre, et qu'il était marié peut-être?

Ce fut pour Jeanne une horrible lueur. Elle se leva, fit quelques pas, poussa un cri d'oiseau mortellement atteint, et tomba sans vie dans les bras de Joseph, qui s'était approché pour la recevoir.

— Ah! s'écria Joseph, le remède est pire que le mal; vous avez tué notre enfant! Et puis, c'est un mensonge, Christophe; Dieu ne permet le mensonge dans aucun cas.

— Un mensonge! qu'en savons-nous? dit Christophe; c'est peut-être la vérité.

— Au fait, ajouta Jean, ces Anglais sont capables de tout.

On porta Jeanne dans sa chambre. A l'évanouissement succéda une fièvre ardente. Le délire s'ensuivit, et l'on dut craindre pour ses jours. Ce fut Joseph qui la veilla, car il était le seul que la jeune malade voulût souffrir à son chevet. Elle repoussait les deux autres avec horreur. Qui pourrait exprimer le désespoir de Christophe et de Jean? Surtout qui pourrait dire les remords du pauvre Joseph?

— Ah! misérable, s'écriait-il la nuit, agenouillé près du lit de sa nièce et tenant dans ses mains les mains brûlantes de l'enfant; c'est moi qui ai fait tout le mal! Mon Dieu, pardonnez-moi! pardonne-moi, ma chère infortunée!

Mais Jeanne ne l'entendait pas. Elle appelait sir George avec amour, puis tout d'un coup elle poussait un cri déchirant et cachait sa tête sous les couvertures, comme pour ne point voir un fantôme menaçant qui venait toujours se placer entre elle et son fiancé. Et vainement Joseph lui criait-il qu'on l'avait trompée et que George était libre; la malheureuse n'entendait que les cris de son propre cœur.

En présence d'une si grande douleur, Joseph avait noyé ses mauvais instincts dans les larmes du repentir; volontiers il eût donné sa vie pour pouvoir assurer le bonheur de sa chère souffrante, et racheter ainsi un moment d'erreur et d'égarement. Plus d'une fois il alla supplier ses deux frères de rappeler sir George ; mais Christophe et Jean répondaient, l'un qu'il fallait voir, l'autre qu'il fallait attendre. Entre leur égoïsme et leur tendresse, ce fut, on le peut croire, une lutte acharnée et terrible. Sans doute la tendresse aurait fini par l'emporter ; mais le danger n'avait duré qu'un jour, et le danger passé, l'égoïsme triompha.

Le délire avait cessé, le feu de la fièvre s'était abattu. Jeanne semblait résignée, mais, en voyant son pâle et triste visage, on pouvait aisément deviner qu'elle était morte à toute joie aussi bien qu'à toute espérance. Christophe et Jean profitaient de son sommeil pour se glisser à pas de loup dans sa chambre, car elle s'était obstinée à ne point les recevoir. Ils s'approchaient de son lit, la regardaient d'un air attendri et se retiraient en pleurant comme de vrais enfants qu'ils étaient.

— Tiens, dit un jour Jean à Christophe, ça me fend le cœur de la voir ainsi! Je crois que nous ferions bien de rappeler cet enragé de sir George. Je ne l'aime pas, mille canons! mais vois-tu, Christophe, que ce soit lui ou un autre, il faudra bien tôt ou tard en passer par là.

— Je ne conçois pas, répondit Christophe, cette manie qu'ont les petites filles de vouloir se marier!

— Que diable veux-tu, mon pauvre Christophe! répliqua Jean en soupirant; il paraît que c'est partout comme ça.

— Il faut voir, il faut attendre, dit Christophe; d'ailleurs sir George est parti.

— Qui le sait? dit Jean.

— Je suis sûr qu'il est parti, affirma Christophe avec assurance.

— En ce cas, ajouta Jean avec une secrète satisfaction, nous aurons fait notre devoir et n'aurons rien à nous reprocher.

Un incident imprévu changea tout à coup la face des choses.

Durant les nuits qu'il avait passées près d'elle, Joseph avait bien remarqué que Jeanne portait souvent à ses lèvres une relique suspendue à son col. Le pieux garçon, sans s'en préoccuper autrement, s'était félicité de voir qu'au milieu de ses chagrins sa nièce eût recours aux saints du paradis.

— Tels sont, se disait-il, les fruits d'une éducation religieuse! Quand tout nous abandonne ici-bas, les anges et les saints descendent du ciel pour essuyer nos larmes.

Cependant, une nuit que Joseph veillait seul dans la chambre de la jeune fille, il trouva par hasard la lettre de sir George que Jeanne, sous le coup de l'émotion qu'elle en avait reçue, avait négligé de serrer. Joseph lut cette lettre à la lueur voilée de la lampe ; les dernières lignes le troublèrent. Il se leva, courut au lit de Jeanne ; l'enfant reposait, calme et presque sereine. Joseph, en se penchant doucement, aperçut autour de son col la chaîne de cheveux qui retenait la relique de George. A cette vue, ses jambes se dérobant sous lui, il fut obligé de s'asseoir sur le bord de la couche. Enfin, d'une main tremblante, il détacha la chaîne, s'approcha de la lampe, et le jour levant le surprit à la même place, pâle, immobile, les yeux fixés sur la chaîne et sur la relique.

Ce fut le froid du matin qui le tira de la profonde stupeur dans laquelle il était plongé. Il porta ses mains à son visage pour s'assurer qu'il veillait, et que ce n'était point un rêve.

— O mon Dieu ! s'écria-t-il enfin en tombant à genoux, vos desseins sont impénétrables. Vous nous frappez d'une main et vous nous relevez de l'autre. Votre bonté est plus grande encore que vos colères ne sont terribles. Soyez béni, Seigneur, et faites que ce jeune homme n'ait point encore quitté nos rivages !

A ces mots, il se précipita hors de la chambre, fit seller un cheval, et, sans prévenir ses deux frères, s'éloigna au galop en se dirigeant vers Saint-Brieuc.

— Faites, mon Dieu, qu'il ne soit point parti ! répétait-il en pressant les flancs de sa monture.

Aux approches de la ville, il s'arrêta pour parler à des ouvriers du port qui se rendaient à leurs travaux. Joseph leur demanda si quelque navire n'avait pas mis récemment à la voile pour les côtes d'Angleterre.

— Non, dit l'un d'eux, à moins pourtant que le capitaine du *Waverley* n'ait appareillé cette nuit, comme il en avait l'intention.

— Impossible ! dit l'autre ; la brise était mauvaise.

— A minuit, le vent a tourné, ajouta un troisième, qui prétendit avoir vu, au soleil levant, du haut de la côte, un bâtiment gagner la haute mer à toutes voiles.

— Dans ce cas, dit le premier, c'était *le Waverley*.

— Ou *le Washington*, dit le second, faisant route pour l'Amérique.

— Je crois plutôt, ajouta le troisième, que c'était le brick du capitaine Lefloch se rendant à La Rochelle ou à Bordeaux.

Tandis qu'ils se disputaient pour soutenir chacun son dire, Joseph, dévoré d'angoisses, reprit sa course, et ne s'arrêta qu'à la porte du consul anglais.

En apprenant que *le Waverley* n'avait pas quitté le port, et qu'étant en réparation il ne pourrait appareiller encore de quelques jours, Joseph rendit grâce au ciel, et se fit conduire à la chambre de sir George.

Lorsqu'il entra, George était accoudé sur une table, la tête entre ses mains. Au bruit que fit la porte en s'ouvrant, il se retourna et reconnut Joseph. Son premier cri fut pour miss Jane; mais Joseph, au lieu de lui répondre, s'arrêta et se prit à le considérer avec une muette et ardente curiosité.

Enfin, il tira de son sein la chaîne et la relique qu'il avait détachées du col de sa nièce, et les présentant à sir George :

— Est-ce bien de vous, monsieur, lui dit-il d'une voix émue, que ma nièce tient cette relique et cette chaîne de cheveux ?

— Oui, monsieur, c'est de moi, répondit gravement l'officier.

— Ne sauriez-vous me dire aussi, reprit Joseph, de qui vous tenez ces objets ? Ce n'est point une indiscrétion, monsieur : il y va de notre bonheur à tous. Qui vous a remis cette chaîne et cette relique ? où les avez-vous trouvées ? depuis combien de temps les possédiez-vous avant de les donner à Jeanne ?

— Monsieur, dit George, qu'avait gagné déjà l'émotion de Joseph, voici bien longtemps que j'adresse les mêmes questions à la destinée. Que puis-je vous répondre ? La destinée ne m'a point répondu.

— Mais, sir George, du moins savez-vous de qui vous tenez cette relique et cette chaîne de cheveux ? s'écria Joseph d'une voix mourante.

Il se soutenait à peine et fut obligé, pour ne pas tomber, de s'appuyer sur le dos d'un fauteuil.

— Je l'ignore, monsieur, répliqua sir George, qui sentait lui-même ses jambes fléchir, car le trouble de Joseph passait peu à peu dans ses sens. Tout ce que je puis dire, c'est que jusqu'au moment où je l'ai détachée pour l'envoyer à miss Jane comme un gage de ma respectueuse tendresse, cette relique a toujours été sur mon cœur.

— Toujours! s'écria Joseph.

— Toujours, répéta le jeune homme. Mais, monsieur, ajouta-t-il, ne sauriez-vous me dire, à votre tour, où tendent toutes ces questions?

— Vous dites donc, s'écria Joseph en poursuivant le cours de ses idées, vous dites que cette relique a reposé de tout temps sur votre poitrine! Vous ignorez, dites-vous, quelle main l'a suspendue à votre cou? Mais alors, monsieur, ajouta-t-il avec quelque hésitation et comme en faisant un effort sur lui-même..., vous n'avez jamais connu votre famille?

— Vous auriez dû, monsieur, répondit froidement sir George, le deviner à mon silence et à ma tristesse toutes les fois qu'au Coat-d'Or vous m'avez fait l'honneur de m'interroger à ce sujet. Vous auriez dû surtout le comprendre à ma prompte résignation, lorsqu'il s'est agi pour moi de qnitter les lieux où je laissais mon âme tout entière.

— Parlez, monsieur, parlez! s'écria Joseph; c'est un ami qui vous en supplie. Interrogez votre mémoire, consultez bien vos souvenirs, racontez ce que ce vous savez de votre vie.

— En vérité, monsieur, répliqua sir George surpris autant qu'ému, je ne sais si je dois...

— Si vous devez! s'écria Joseph éperdu; si vous devez! répéta-t-il à plusieurs reprises. Cette chaîne a été tressée avec les cheveux de ma mère; cette relique, c'est moi qui l'attachai, le jour de sa mort, au cou de mon plus jeune frère! C'est bien elle, voici la date que j'y gravai moi-même avec la pointe d'un couteau.

A ces mots, George pâlit, et tous deux restèrent quelques instants à se regarder en silence.

— O mon Dieu! murmura George en se

parlant à lui-même de l'air d'un homme qui cherche à se ressouvenir ; que de fois ne m'a-t-il pas semblé, sous le toit de mes hôtes, entendre comme un écho lointain de mes jeunes années ! Que de fois n'ai-je pas cru reconnaître ces grèves solitaires ! Que de fois ne me suis-je pas surpris à chercher la trace de mes pieds d'enfant sur le sable de ces rivages !

Puis il reprit après quelques minutes de recueillement :

— Je ne sais rien de mon enfance. Il me semble que la mer fut mon premier berceau. Tout ce qu'ont pu m'apprendre ceux qui m'ont élevé, c'est qu'en février 1817 je fus recueilli sur la cime d'une vague, cramponné aux flancs d'une barque, par un brick hollandais, qui s'alla perdre lui-même en vue des côtes d'Angleterre.

— Attendez, attendez ! s'écria Joseph en l'interrompant. En février, dites-vous ? en février 1817 ! En effet, voici bien la date, ajouta-t-il en examinant les chiffres qu'il avait gravés lui-même sur le revers de la relique, et que le temps n'avait qu'à demi effacés.

— Sauvé et recueilli pour la deuxième fois, reprit George, je fus adopté par un vieux et bon midshipman, qui me fit élever avec son fils Albert. Il mourut; j'étais bien jeune encore. J'ai vu depuis tant de contrées diverses, que tous ces souvenirs sont très-confus dans ma mémoire; j'ai parlé tant de langues différentes, que je ne me rappelle plus quelle est celle que je balbutiai la première. Cependant je n'ai jamais parlé la vôtre sans que tout mon cœur n'ait vibré au son de ma propre voix; j'ai toujours pensé que c'était celle de ma mère.

— Ainsi, dit Joseph en le couvant des yeux, lorsqu'on vous a sauvé vous n'étiez qu'un enfant?

— J'échappais au berceau.

— Et vous aviez au col...

— Cette chaîne et cette relique. Mais, à

votre tour, parlez, monsieur, parlez! Dites, qu'avez-vous à m'apprendre?

Joseph, qui s'était laissé tomber dans un fauteuil, se leva brusquement, écarta de ses deux mains la chemise qui cachait la poitrine de George, et, reconnaissant la cicatrice d'une blessure qu'il avait pansée autrefois lui-même sur le sein d'Hubert, il lui jeta ses bras au cou, et le pressant contre son cœur :

— Est-ce toi? s'écria-t-il d'une voix étouffée; dernier fils de ma mère, est-ce toi?

IX.

Le même jour, quelques heures après la scène qui s'était passée le matin à Saint-Brieuc, Jeanne se réveilla d'un long assoupissement. En ouvrant les yeux, elle vit assis à son chevet Jean, Joseph, Christophe, et George que les trois autres appelaient leur frère. La joie et le contentement étaient répandus sur tous ces visages. George et Joseph tenaient chacun une main de Jeanne dans les siennes.

— Rêve charmant! ne me réveillez pas, murmura-t-elle.

Et, refermant doucement ses paupières, elle retomba dans ce demi-sommeil qui est à l'âme comme un crépuscule : ce n'est plus la nuit, ce n'est point encore le jour.

Enfin, poursuivie par un vague sentiment de la réalité, elle ouvrit les yeux de nouveau, et, comprenant cette fois que ce n'était point un songe, elle tomba dans les bras de Joseph et ne s'en arracha que pour appeler dans les siens son oncle l'amiral et son oncle le colonel. A George, pas un mot, pas un geste, à peine un regard, mais aux trois autres les caresses les plus folles et les plus tendres baisers.

Cependant une sourde inquiétude grondait encore au fond de son bonheur. Tout à coup sa figure se rembrunit: Jeanne se tourna vers Christophe, et, d'une voix tremblante:

— Mon oncle, s'écria-t-elle, vous m'aviez dit qu'il n'était plus libre ?

— Je t'ai dit la vérité, répliqua Christophe avec un fin sourire.

— Mon oncle, vous m'aviez dit qu'il était marié ?

— Oui, s'écria Christophe, et voici sa femme, ajouta-t-il en couvrant de baisers la tête de la belle enfant.

Les quatre frères avaient décidé entre eux que leur nièce n'apprendrait qu'à l'heure de son mariage toute la vérité. Il plaisait à George de prolonger un mystère qui lui permettait de se sentir aimé pour lui-même ; d'une autre part, il ne déplaisait point aux trois oncles de paraître n'avoir cédé qu'aux vœux de leur nièce, et de la laisser un peu croire à leur désintéressement.

— Je n'ai point de patrie, disait George.

— Vous avez la France, répondait Jeanne; aviez-vous donc rêvé une patrie plus belle?

— Je n'ai point de fortune, ajoutait-il.

— Ingrat! disait Jeanne en souriant.

— Je n'ai point de famille.

— Vous oubliez mes oncles.

— Songez que je n'ai point de nom.

— George! disait Jeanne en lui fermant la bouche avec sa main.

— Puisque tu l'as voulu, s'écria Jean, il a bien fallu te le donner, ce sir George!

— T'avons-nous jamais rien refusé? dit Christophe.

— Oh! vous êtes bons, s'écria Jeanne en les attirant sur son cœur.

On eût dit que le ciel avait pris pitié de la tendresse et de l'égoïsme de ces deux hommes et de Joseph lui-même, en combinant les événements de telle sorte que Jeanne pût se marier sans changer de toit, de nom et de famille. Nous sommes toutefois obligé d'ajouter que Christophe et Jean ne s'accommodèrent pas avec un bien vif enthousiasme des décrets de la Providence, Jean surtout qui, n'ayant jamais connu le petit Hubert, se souciait assez médiocrement de la résurrection de ce nouveau Moïse.

— Ah çà! dit-il le soir à Christophe en le prenant à part, es-tu sûr que ce soit le petit Hubert? Tout ceci me semble, à moi, un peu bien romanesque et passablement fabuleux.

— Il n'y a pas à douter, répondit Christophe en branlant la tête. J'ai reconnu sur son bras gauche l'image du brick *la Vaillance* que je dessinai moi-même en traits de poudre sur le bras de notre jeune frère.

— C'est égal, dit Jean, il faut convenir que voici un gaillard bien heureux. Nous lui avons élevé sa femme à la brochette. Il faut convenir aussi que notre père a eu de jolies idées pendant mon absence.

— Que veux-tu ? répliqua Christophe ; tu le disais toi-même, tôt ou tard il aurait fallu en passer par là. Mieux vaut donc Hubert que tout autre. Ça ne sortira pas de la famille. Jeanne portera notre nom et perpétuera la race des Legoff.

— C'est vrai, répondit Jean, qui ne put s'empêcher de se rendre à ces raisons ; mais toujours est-il que le drôle n'est point à plaindre. Une nièce, une femme, un million de dot, une famille agréable, un nom glorieux dans les fastes de l'armée et de la marine, tout cela pour une frégate perdue ! Les naufrages lui ont réussi. Il avait la vie dure, le petit. Mais, mille tonnerres ! ajouta-t-il avec humeur, ce cagot de Joseph avait bien besoin d'attacher un grelot au col de ce morveux d'Hubert !

— Allons, allons ! maître Jean, dit Christophe; au bout du compte, lorsque vous êtes revenu sans souliers du fond de la Russie, vous n'avez pas été fâché de trouver votre chaumière changée en château et un million pour oreiller.

— Oui, répondit Jean ; mais, moi, je n'épouserai point ma nièce.

— Je le crois pardieu bien ! s'écria Christophe ; il ne manquerait plus que cela.

Empressons-nous d'ajouter que, passé ce premier mouvement de jalousie et d'égoïsme, ils acceptèrent franchement leur rôle, et remercièrent la destinée de leur avoir envoyé pour Jeanne le seul époux qui pût satisfaire à toutes leurs exigences. Quant à Joseph, il chantait les louanges du Seigneur, et ne se lassait point de contempler les deux jeunes têtes qu'il avait tant de fois baisées l'une et l'autre au berceau.

Le bonheur et l'amour sont de grands médecins. Au bout d'une semaine, Jeanne était tout à fait rétablie. Il avait été décidé que toute la famille accompagnerait George; car, bien qu'il eût recouvré sa patrie, son nom et sa famille, Hubert n'en restait pas moins, jusqu'à nouvel ordre, l'humble sujet de l'Angleterre.

En effet, ils s'embarquèrent tous à bord du *Waverley*, et ce fut un voyage véritablement enchanté, excepté toutefois pour Christophe et pour Jean, qui se résignèrent difficilement à mettre le pied sur le sol de la perfide Albion. Ils déclarèrent que Londres était un horrible bourg, bien inférieur, pour les monuments, à Bignic et surtout à Saint-Brieuc. Ils avaient, dans les rues, une certaine façon de regarder les gens, qui faillit maintes fois leur attirer une mauvaise affaire. Jean, qui s'était imaginé jusqu'alors que Sainte-Hélène était une prison de Londres, demanda à visiter le cachot où son empereur était mort.

En moins de quelques jours, George en eut fini avec le conseil d'amirauté britannique. Jean et Christophe s'y présentèrent pour l'appuyer de leur témoignage. Jean trouva le moyen de faire intervenir la grande ombre de Napoléon, et s'exprima en termes si malséans pour l'Angleterre, qu'on fut obligé de lui imposer silence et de le mettre poliment à la porte. Le jeune homme n'en arriva pas moins à son but. Il offrit sa démission qui fut acceptée, et un mois ne s'était pas écoulé depuis leur départ de la France, qu'ils en avaient regagné les rivages.

Ce ne fut qu'à la mairie que Jeanne apprit qu'elle épousait son oncle. On peut juger de sa joie et de ses transports, en voyant qu'elle continuerait de porter le nom que Joseph, Christophe et Jean lui avaient appris à aimer.

A l'heure où nous achevons ce récit, sept années ont passé sur le mariage de nos deux jeunes gens; c'est toujours dans leur cœur le même amour et la même tendresse. Jeanne n'a rien perdu de sa grâce et de sa beauté; grave et souriante, comme il sied à une jeune mère, elle est plus que jamais l'orgueil et la joie du Coat-d'Or. Deux beaux enfants jouent à ses pieds, et ses vieux oncles redoublent autour d'elle de respect et d'adoration; — car c'est toi, ma fille, lui disent-ils souvent, c'est toi qui nous as ouvert les voies bénies du devoir et de la famille.

RICHARD.

RICHARD.

I.

Vers l'automne de 1830, par une soirée froide et pluvieuse, une chaise de poste, qui suivait la route d'Angers à Nantes, quitta brusquement le grand chemin pour prendre un sentier enfoncé dans les terres. Il faisait une affreuse nuit. Le vent sifflait à travers les arbres; les rameaux dépouillés craquaient; les orfraies criaient dans le creux des chênes. A chaque instant, les chevaux, découragés, refusaient d'avancer; le postillon jurait, et la chaise, battue par la tourmente, menaçait de s'abîmer dans les ornières des sentiers effondrés. Pas une étoile ne brillait au ciel, pas une lumière dans le paysage; des aboiements plaintifs, qui se mêlaient à longs intervalles aux gémissements de la bise, révélaient seuls quelques habitations éloignées.

Au milieu de cette scène désolée, la voiture était, à l'intérieur, silencieuse comme un tombeau : pas un mouvement, pas un bruit de voix qui trahît au dedans l'inquiétude ou l'impatience; on eût dit le voyage d'un mort gagnant sa demeure dernière. Enfin, au bout de quelques heures, les chevaux galopèrent sur un terrain ferme et sonore, entre une double rangée de platanes; le fouet du postillon donna joyeusement la fanfare d'arrivée, et la chaise s'arrêta bientôt devant le perron du vieux château de Beaumeillant.

A l'immobilité du manoir, il était aisé de voir qu'on n'y attendait personne; ce fut le postillon qui ouvrit la portière et abaissa le marchepied. Une femme de chambre s'élança la première, et, pour l'aider à descendre, offrit respectueusement sa main à une femme pâle et languissante. Cependant les fenêtres s'étaient illuminées, et les serviteurs, accourus avec des flambeaux, reconnurent leur maîtresse à tous, la comtesse de Beaumeillant.

Elle était bien changée, et chacun, en l'apercevant, ne put réprimer un mouvement de douloureux étonnement. Il est vrai qu'ils ne l'avaient pas vue depuis près de deux ans; mais ces deux années avaient suffi pour flétrir à jamais ce qui restait en elle de beauté. Elle monta lentement les degrés du perron, et, coupant court à l'empressement de ses gens, elle demanda son fils. Au même instant, un grand et beau jeune homme la reçut sur son cœur et l'emporta presque évanouie entre ses bras.

En revenant à elle, madame de Beaumeillant vit à ses genoux son fils qui la regardait avec amour. Elle prit entre ses mains cette blonde tête, et, la pressant contre son sein par une étreinte convulsive, elle l'inonda de ses larmes. Richard pleurait aussi, et déjà, aux transports de sa joie, se mêlaient des pensées amères; car, malgré sa grande jeunesse et son ignorance des choses de la vie, il comprenait vaguement que les pleurs qu'il voyait couler avaient une autre source que l'attendrissement du retour : sous ces traits ravagés moins par le temps que par la douleur, il pressentait une âme mortellement atteinte qui revenait au gîte pour se reposer et s'éteindre.

Ce jeune homme était grave avant l'âge.

Né au milieu des orages d'une union tourmentée, il avait assisté, enfant, au plus lamentable spectacle qui se puisse donner autour d'un berceau. Des scènes mystérieuses, étranges, mêlées de sanglots, de colère et de haine, avaient grondé comme la foudre sur ses premiers ans. Il en gardait encore un souvenir rempli d'épouvante. Baigné par les pleurs de sa mère, sans un sourire de son père pour le réchauffer, il s'était élevé tristement, pareil à ces plantes qui croissent dans les coins humides et sombres. On ne sait pas quel trouble funeste et quelle précoce expérience jettent dans le cœur des enfants les luttes du foyer et la division des époux. Heureux ceux qui, nés entre deux baisers, ont pu grandir dans l'atmosphère des tendresses mutuelles!

Un jour, celui dont nous parlons vit sa mère partir seule, éplorée, comme s'il se fût agi d'un long voyage et d'une séparation éternelle. Le voyage fut long en effet. Elle avait promis un prompt retour, mais son fils l'attendit vainement. Elle ne revint plus que de loin en loin, pour le voir un instant, l'embrasser à la hâte, et s'enfuir de ces lieux d'où elle semblait exilée.

Richard resta près de son père, mais son cœur tout entier avait suivi l'absente. Il tenait de sa mère une âme délicate et tendre, qu'intimidait la nature froide et chagrine du comte de Beaumeillant. Trop jeune pour avoir pu comprendre le drame qui s'était joué près de lui, il n'osait décider quelle était la victime; mais il y avait en lui un instinct inavoué qui accusait sourdement le comte, cet instinct des fils qui voient pleurer leur mère. Sa sensibilité s'exalta dans la solitude; ses facultés expansives, comprimées par ses alentours, s'exercèrent sur ses souvenirs. Il se rappelait le noble et doux visage qui s'était tant de fois penché sur son berceau avec un pâle sourire; il peupla son cœur de cette image désolée.

En grandissant, cette affection prit un caractère romanesque et passionné. Madame de Beaumeillant revenait à de longues intervalles. Elle venait à la dérobée, jamais au château, mais dans le village voisin, où elle faisait appeler son fils. Richard accourait, et c'étaient, sous l'humble toit qui abritait tant de bonheur, d'indicibles transports et des tendresses ineffables. Ces instants étaient courts, mais enivrants. Plus d'une fois, pour les prolonger, la jeune mère demeura cachée plusieurs jours au village. On trouvait un prétexte pour expliquer les absences de Richard au château, et ces jours s'enfuyaient en heures charmantes. Ces apparitions mystérieuses, ce bonheur si permis et si légitime, obligé pourtant de se cacher, cette jeune proscrite qui venait en secret embrasser son enfant, ces effusions d'autant plus vives qu'il fallait épancher en quelques heures l'amour d'une année tout entière, tous ces incidents poétiques d'une affection ordinairement si paisible, frappèrent singulièrement l'imagination de Richard et développèrent en lui un sentiment plus ardent et plus exalté que ne le sont généralement les affections de la famille.

Il avait quinze ans quand son père mourut. Depuis le départ de madame de Beaumeillant, le comte n'avait pas prononcé, même devant son fils, le nom de sa femme, et telle était, à cet égard, l'austérité de son silence, que jamais Richard n'avait osé l'interroger ni demander pourquoi la place de sa mère restait vide au foyer. Il mourut comme il avait vécu, inflexible devant la mort comme il l'avait été durant la vie, emportant avec lui le secret de son indulgence ou de son repentir. Richard le pleura; mais, dans sa douleur, il ne put étouffer je ne sais quel sentiment, car je n'oserais dire que ce fût un sentiment de joie, en songeant qu'entre sa mère et lui il n'était désormais plus d'obstacles. Il semblait en effet que leurs épreuves étaient finies, et qu'affranchis des impressions funèbres que la mort laisse après elle, ils allaient réaliser tous deux le rêve caressé dans l'absence. Il en arriva autrement.

Madame de Beaumeillant sentait déjà les atteintes du mal qui lui creusait sa tombe. Elle était sombre, inquiète, préoccupée; la présence de son fils, cette joie si long-temps souhaitée, paraissait la toucher à peine. Elle s'efforçait de lui sourire, et se cachait pour pleurer. Ce n'était pas le souvenir du comte de Beaumeillant qui la troublait ainsi. Quelques semaines à peine avaient passé sur son retour, qu'elle partit une fois encore, et vainement Richard supplia pour l'accompagner : elle s'éloigna seule, promettant comme autrefois de bientôt revenir, et, comme autrefois, des jours et des mois s'écoulèrent sans la ramener à son fils. Elle écrivit ; mais ses lettres se ressentaient du mauvais état de son âme. Elle imagina des prétextes pour expliquer cette absence nouvelle ; mais Richard se plaignait dans son cœur. Enfin elle revint, cette fois pour ne plus repartir, et son fils la reçut avec adoration, car il est à remarquer que leurs fils les aiment d'un amour spécial, ces pauvres égarées, comme s'ils comprenaient qu'ils doivent être le dernier refuge de leurs mères, et qu'ils resteront seuls à les consoler.

— Mon fils, mon enfant, mon dernier espoir ! disait-elle.

— O ma mère ! répondait le jeune homme en couvrant de pieux baisers les mains de l'infortunée, restez près de moi, ne me quittez plus. Si vous avez des peines que je ne puisse entendre, pleurez, nous pleurerons ensemble. Mon amour vous guérira peut-être; restez, ne nous séparons plus.

La mort seule les sépara; mais la cruelle ne se fit pas attendre. En moins de deux ans, elle eut accompli son œuvre. Durant ces deux années, qui ne furent pour madame de Beaumeillant qu'une longue agonie, Richard essaya vainement de réveiller en elle l'espérance et la vie; vainement il l'entoura de tout ce que la sollicitude la plus ardente peut suggérer de plus tendre et de plus assidu; elle succombait à un mal dont rien ne pouvait la distraire. Elle-même tenta de retremper son cœur dans l'amour maternel; mais trop d'orages l'avaient dévasté pour qu'un sentiment heureux et calme pût jamais y fleurir. Sans doute, quand la passion n'a plus que des plages arides, il serait doux alors de revenir impunément aux sources des affections permises; mais cela serait trop facile, et Dieu n'a pas voulu qu'il en fût ainsi. Quand madame de Beaumeillant trouva sous sa main ce bonheur trop long-temps négligé, elle se sentit inhabile à le goûter et à en jouir. Ni le silence des champs, ni la tendresse exaltée de son fils, ni la paix du toit domestique, ne purent amortir la tristesse qui la consumait. Elle s'éteignait lentement dans un mortel ennui : punition tardive, mais inévitable, de toutes ces imaginations qui ont traduit en aventures la grave histoire de la vie.

Celle-ci était atteinte d'un trait plus dur et plus acéré ; elle saignait d'une blessure large et profonde. Peut-être eût-elle allégé son désespoir en le racontant. Mais c'était de ces douleurs que les mères ne sauraient confier à leurs enfants, que les enfants devinent sans oser les comprendre. Le jeune de Beaumeillant assista silencieusement au dénouement de cette destinée. Jamais une question n'effleura ses lèvres, jamais un reproche ne put se lire sur son visage ; c'est à peine s'il osa s'interroger lui-même sur cette grande affliction qu'il ne pouvait guérir ni consoler. Il ne savait rien de la vie ; jamais un écho, même affaibli, des bruits du monde, n'était arrivé jusqu'à lui. Aussi ce drame qu'il avait vu commencer dans les pleurs, et qu'il voyait s'achever dans les larmes, était-il pour lui plein d'un sombre mystère. Toutefois, ses instincts s'éveillant y jetaient de sinistres lueurs, et déjà, sous son amour filial, Richard sentait remuer dans son sein une haine sourde et profonde, qui ne savait à qui s'attaquer. Soumis et résigné en apparence, cet amour avait en soi tous les caractères de la passion, inquiet, tourmenté, douloureux et jaloux. Tout le trouble du cœur maternel avait passé dans ce jeune cœur.

Durant les premiers mois qui suivirent son retour, madame de Beaumeillant avait semblé tenir à la vie par quelque espérance. Chaque matin, l'arrivée du courrier qui rapportait les lettres de la ville colorait un instant la pâleur de son front. Le pas éloigné d'un cheval, une voiture filant sur le ruban poudreux qui blanchissait à l'horizon, un bruit inaccoutumé, l'aboiement des chiens dans le parc, tout l'agitait d'un tressaillement soudain. Elle espérait, elle attendait encore.

Cependant les jours suivirent les jours, les mois succédèrent aux mois, sans apporter aucun changement. Lasse d'espérer et d'attendre, elle s'abandonna à sa douleur sans résister au courant. Le flot l'entraîna vite; elle mourut entre les bras de Richard. Près d'expirer, elle le pressa ardemment sur son sein, et de ses lèvres, qu'allait fermer la mort, un nom s'échappa dans le dernier soupir ; ce ne fut pas le nom de son fils.

Quoique prévu depuis long-temps, ce coup frappa le jeune homme d'une morne stupeur. Son désespoir fut grave, silencieux, et plus réfléchi qu'on ne le rencontre à cet âge; il s'y mêla un sentiment de curiosité sombre et jalouse qui en modéra l'expansion, tout en redoublant l'amertume. Madame de Beaumeillant vivante, il avait étouffé ce sentiment étrange qu'il n'osait pas alors s'expliquer à lui-même; morte, il s'y livra tout entier, et,

resté seul dans ce château désert, il se prit à
sonder avec une avide anxiété le mystère dont
madame de Beaumeillant venait d'emporter
le secret au tombeau. Mais que pouvait-il y
comprendre? Élevé dans la solitude, il n'avait
connu qu'un amour; sa mère avait été tout le
poème de sa jeunesse. Aucune peinture des
passions mauvaises n'était parvenue jusqu'à
lui; il n'avait lu que quelques livres, récits
honnêtes, imprégnés à chaque page du parfum des chastes tendresses. Vainement donc
il fouilla l'inconnu, vainement il l'interrogea;
seulement une voix lui cria que la mort de sa
mère lui laissait un être à haïr. Il avait recueilli sur les lèvres de la mourante le nom
qui s'en était échappé à l'heure suprême : il
enferma ce nom dans son cœur et l'y scella
du poids de sa haine. Pourquoi? Il n'aurait
pu le dire. Mais ce nom, il le lisait partout;
la nuit, il l'entendait résonner en notes lugubres et se mêler aux plaintes du vent; dans
ses rêves, il le voyait s'animer, prendre un
corps et se dresser comme un fantôme vers
lequel il tendait les bras, en lui redemandant

d'une voix éperdue l'amour et la vie de sa mère.

Ce devint une préoccupation incessante, une obsession de tous les instants. Sa douleur, au lieu de s'amollir, prit un caractère sauvage et presque farouche, mélange de regrets jaloux, de tendresse blessée et de sombre mélancolie. Ce n'était pas son fils, il le savait, hélas! que la mourante avait ardemment pressé sur son sein; il l'avait perdue deux fois du même coup; il la pleurait morte et vivante, lui, cependant, qui n'avait aimé qu'elle! Il l'avait aimée, non de cette affection paisible qui s'assied au foyer des familles, mais de cet amour poétique et charmant que les amants connaissent seuls. Absente, il la suivait d'une pensée inquiète et déjà troublée; chaque retour était une fête qui embaumait ses souvenirs; il l'avait aimée moins comme un fils que comme un amant, ou plutôt dans l'amour du fils s'était fondu cet amour sans but qui, au matin de l'existence, tourmente toute jeunesse. Madame de Beaumeillant étant morte avant que l'âge et l'habitude eussent amorti les sentiments de Richard, l'imagination passionnée de cet enfant avait dû passer tout entière dans son désespoir. Quand la nuit brunissait les campagnes, il gagnait l'asile où reposaient les restes chéris, et là il s'oubliait de longues heures, s'attendrissant d'abord sur cette destinée sitôt ensevelie, pleurant sur elle et sur lui-même, mais retombant bientôt dans l'abîme des réflexions où le ramenait toujours, par une pente irrésistible, le curieux instinct de sa douleur. A cet instinct, qui l'aiguillonnait sans cesse et ne laissait ni paix ni trêve à son esprit, s'ajoutait, à l'insu de Richard, une autre curiosité, non moins âpre et non moins ardente, la curiosité de la vie, un dévorant désir d'apprendre et de connaître, une brûlante impatience de déchirer le voile qui lui cachait encore les prochains horizons.

Il y avait un an qu'il vivait ainsi dans cette fièvre curieuse et jalouse, lorsqu'il se décida, par une résolution désespérée, à pénétrer

dans ce mystère qu'il avait creusé vainement
jusqu'alors.

Quelques jours avant sa mort, madame de
Beaumeillant avait profité d'un reste de forces
expirantes pour brûler un grand nombre de
lettres et de papiers. A sa dernière heure, elle
se rappela que le sacrifice n'était pas complet,
et, sentant sa fin prochaine, elle confia à son
fils le soin de livrer aux flammes une cassette
qu'elle lui désigna. Richard remit au lendemain l'accomplissement de ce devoir; mais
des jours s'écoulèrent sans qu'il y songeât, et
lorsque enfin il tint entre ses mains cette
cassette, prêt à l'anéantir, il en fut empêché
par une puissance invisible, et, chaque fois
qu'il y revint, la même force l'enchaîna.

A la longue, cette cassette exerça sur lui
d'étranges influences; on eût dit qu'il s'en
échappait un fluide qui l'attirait, une voix qui
le charmait, un regard qui le fascinait. C'était
un charme en effet, une fascination réelle. Il
passait des heures entières à la couver d'un

œil ardent, il se surprenait parfois à promener sur elle une brûlante main. Un jour qu'il en trouva la clef, il la prit, la roula long-temps entre ses doigts par un mouvement convulsif, puis, d'un pas brusque et résolu, il alla droit au coffret, dont les cercles d'acier reluisant au soleil semblaient l'attirer fatalement, comme la lumière attire les phalènes; mais il s'arrêta court, lança la clef dans le parc et s'enfuit avec épouvante.

Depuis ce jour, il avait évité d'entrer, sous aucun prétexte, dans cette chambre. Cependant par une de ces nuits où la folie apparaît à la douleur qui veille, par une de ces insomnies où tout ce qui souffre en nous revêt la forme d'un spectre menaçant, où le sang se consume, où le cerveau s'égare, où l'âme se dévore, Richard se leva. Des éclairs sillonnaient le ciel, la foudre roulait au loin, les arbres du parc mugissaient comme des flots sur une grève. Il sortit; la pluie tombait en larges gouttes sur son front sans le rafraîchir. Il marchait, harcelé par ses pensées, comme un cerf par une meute. Il y avait juste un an que madame de Beaumeillant avait succombé par une nuit pareille. De retour au château, Richard voulut revoir la chambre où cette infortunée s'était endormie du dernier sommeil. Il entra religieusement et promena autour de lui un lent et douloureux regard. En apercevant la cassette qui brillait dans un coin, à la lueur de la lampe, il tressaillit et prit Dieu à témoin que ce n'était pas elle qu'il cherchait. Pour se convaincre lui-même de la pureté de ses intentions, pour en finir avec ce trouble de son âme, il alluma un grand feu, et jura de ne point s'éloigner avant d'avoir accompli la dernière volonté de sa mère. Pendant que le bois s'embrasait, il se jeta dans un fauteuil, et se prit à repasser tous les détails de sa destinée avec une ardeur maladive qu'exaltait encore ce lamentable anniversaire. La tempête avait redoublé, la pluie fouettait les vitres, le tonnerre déchirait la nue. Richard sentait son cœur ni moins orageux ni moins sombre. Il prit le coffret, le déposa sur le marbre de la cheminée et demeura long-temps à le contempler en silence. Il se tenait debout, pâle, tremblant, défait, et nul n'aurait pu dire ce qui se passait en lui, tant était indéfinissable l'expression de ses yeux et de son visage.

Enfin, par un mouvement de bête fauve qui s'élance sur sa proie, il saisit la cassette à deux mains ; mais au lieu de la jeter aux flammes, il la brisa contre la plaque du foyer. Des papiers s'en échappèrent, et, dispersés par la violence du choc, volèrent çà et là sur le parquet. Richard resta d'abord frappé de terreur; il crut entendre la voix de sa mère qui s'élevait pour l'accuser et le maudire. Mais l'enfer était tout entier dans son sein : il consomma la profanation.

II.

Ces lettres, toutes sans suscription, avaient été écrites par madame de Beaumeillant durant les deux années qui suivirent son dernier retour: c'étaient les épanchements de sa douleur, le récit, jour par jour, de sa lente agonie. Richard s'étendit sur le parquet, et sa main prit au hasard au milieu des lettres éparses. La première qu'il ouvrit les résumait toutes : c'était aussi la première sans doute qu'avait écrite madame de Beaumeillant après son retour, le premier cri de son désespoir, le premier sang de sa blessure. Richard, en dépliant les feuillets, sentit son cœur défaillir et son front se mouiller d'une sueur froide : on eût dit un amant qui va se convaincre de l'infidélité de sa maîtresse. Toutefois, en reconnaissant l'écriture de sa mère, çà et là effacée par les larmes, il fut saisi d'un sentiment de respect religieux, et, tous les pudiques instincts de la jeunesse se réveillant en lui, il allait une fois encore résister au démon qui le poussait et sortir vainqueur de cette nouvelle épreuve, quand soudain un nom, ce nom maudit que la mourante avait exhalé dans son dernier soupir, lui sauta, comme un aspic, au visage. Toutes ses pieuses dispositions s'évanouirent, et sa rage jalouse l'emporta.

« Non, je ne vous ai pas quitté, comme vous l'avez dit, dans l'attendrissement de notre destinée ; gardez pour vous vos consolations hypocrites. Je ne vous ai pas quitté, moi : je suis partie, j'ai fui, parce que vous m'avez chassée. Non, nous ne nous sommes pas séparés d'un commun accord, en vue de notre bonheur mutuel; je ne me suis pas séparée de vous, moi: c'est vous qui m'avez rejetée. Non, ce lien ne s'est pas dénoué; c'est vous qui l'avez brisé. Lâche et misérable, vous n'avez même pas le courage de votre infamie; bourreau, vous voulez qu'on vous plaigne à l'égal de la victime; il faut vous savoir gré du sang que vous versez. Allez, je vous connais! Eh bien! vous êtes libre! moi, je suis morte, vous m'avez tuée : morte, entendez-vous? Vous, heureux, libre enfin! libre, heureux, Évariste? Mon amour vous pesait donc bien! Il était donc pour vous une bien lourde tâche, un bien rude fardeau, cet amour humble et résigné qui se tenait dans l'ombre et se dévouait en silence! Ce vous était donc un bien grand travail de vous laisser aimer, de vous sentir aimé? Vous n'avez même pas eu pour moi la pitié que vous ne craigniez pas de réclamer pour vous; vous m'avez immolée froidement, à vos pieds, embrassant vos genoux et mouillant vos mains de mes larmes. Qu'avais-je fait pour me voir traitée de la sorte? Ce que tu avais fait, malheureuse! tu aimais, et l'ingrat n'aimait plus! Mais, dites, fallait-il pour cela vous montrer si dur et si cruel? Ne pouviez-vous attendre quelques jours, ou du moins laisser tomber quelques paroles affectueuses, afin que ce cœur, mortellement blessé, pût en vivre jusqu'à sa dernière heure? Vous ne m'aimiez plus, hélas! mais si vous m'avez aimée, qu'était-ce donc que cet amour qui, en se retirant, n'a déposé en vous que le dédain, le mépris et l'injure? C'est que tu ne m'as jamais aimée, va? Non, durant le siècle de douleurs qu'a duré cette liaison fatale, je n'ai pas cru un seul instant à ton amour, pas un instant! J'attendais, j'espérais, j'essayais, je cherchais, mais je ne croyais pas. Ainsi donc, voilà le prix de tant d'efforts et de sacrifices! Ne vous y trompez pas, je suis morte; rien, plus rien! Vous avez clos ma vie. Je n'étais que par vous et pour vous. Il vous aurait suffi d'un peu de bonté pour m'amener sans effort au seuil des affections paisibles, pour m'aider à franchir sans déchirement le passage des illusions à la réalité. Peut-être n'étais-je pas tout à fait indigne de quelques soins et de quelques ménagements; peut-être avais-je quelque droit d'espérer que vous m'enseveliriez doucement dans votre tendresse. Oui, un peu de bonté suffisait : vous n'avez pas voulu. C'était pourtant une œuvre sainte, une entreprise qui pouvait tenter un cœur généreux ; avec un peu de patience, vous pouviez sauver une âme; vous n'avez pas voulu ! Qu'elle s'éteigne donc, cette âme dédaignée qui n'a plus rien à faire ici-bas! »

Cela continuait ainsi, passant tour à tour des reproches aux regrets, de la tendresse à la colère, de l'orgueil outragé à l'humilité suppliante, éternelles plaintes de l'amour délaissé : seulement, la mort de la victime donnait à celles-ci un caractère terrible et solennel, qui eût touché les plus indifférents et imposé aux plus sceptiques. Cependant, pour un esprit à la fois expérimenté et désintéressé, ce n'eût été, à vrai dire, qu'un poème assez vulgaire; mais pour Richard que ses instincts seuls avaient éclairé jusqu'alors, pour ce jeune homme qui, ne sachant précisément rien de la vie, venait d'en lire tout à coup le chapitre le plus lamentable, écrit avec les pleurs et le sang de sa mère, ce fut un coup de foudre qui le frappa en l'illuminant, et cette fois enfin il se trouva face à face avec sa douleur.

— Ainsi, je n'étais rien pour toi! murmura-t-il lentement d'un air sombre; ainsi, pas un mot pour ton fils! Ton âme dédaignée n'avait rien à faire ici-bas? Tu n'as pas cru devoir, pour ton enfant, te donner la peine de vivre? Ton fils qui t'adorait, ton enfant qui ne vivait qu'en toi! quel égarement fut le vôtre!.. Mais toi, qui donc es-tu, s'écria-t-il l'œil en feu et le bras menaçant; toi qui m'as volé l'amour, le bonheur et la vie de ma mère! toi qu'elle implorait à genoux, et qui, sans pitié, voyais couler ses larmes? Elle t'aimait, et tu l'as chassée! elle t'aimait, et tu l'as tuée! Et c'est toi pourtant qu'à sa dernière heure elle appelait encore; sur ses lèvres près de se fermer, je n'ai recueilli que ton nom ; dans son cœur près de se glacer, je n'ai surpris que ton image !

Il marchait à grands pas dans la chambre, se frappant le front et pressant sa poitrine avec rage. L'attrait de la souffrance le ramena bientôt aux lettres dispersées. Il les prit une à une et les lut d'un regard tantôt enflammé de colère, tantôt mouillé d'attendrissement. C'était dans toutes le même chant plaintif et désolé ; dans toutes, la révolte et le désespoir d'une âme qui n'a vu dans la vie que l'amour, et qui sent que l'amour l'abandonne ; dans toutes surtout, le naïf et monstrueux égoïsme de la douleur et de la passion. Chose cruelle à dire, dans toutes ces lettres écrites par madame de Beaumeillant, il ne se trouvait pas une ligne qui révélât l'existence de Richard. L'absence du sentiment maternel y pesait comme une atmosphère orageuse. L'amante avait étouffé la mère.

Une fois, cependant, une seule, madame

de Beaumeillant, dans l'épanchement de ses regrets, s'était rappelé qu'elle avait un fils :

« Vous ne savez pas le mal que vous avez fait; non, vous ne le savez pas, Évariste, et ce sera votre seule excuse devant Dieu, car Dieu vous jugera. Il ne vous demandera compte ni de ma vie ni de mon bonheur; souffrir et mourir, n'est-ce pas la commune loi ? Qu'importe que ces yeux, avant de se fermer, se soient usés dans les pleurs ? Qu'importe que ce corps s'affaisse avant le temps et retourne à la terre ? Mais ce doit être devant Dieu une chose grave que la perte d'une âme, et vous avez tué la mienne. Oui, cette âme qui réfléchissait, comme un lac limpide, toutes les beautés de la nature, qui vibrait, comme un divin instrument, à toutes les harmonies de la création, vous l'avez à jamais ternie, vous l'avez brisée, vous l'avez tuée enfin ! Tout est mort; le soleil s'est éteint dans le ciel; l'éternel hiver règne autour de moi. Tout m'est odieux et tout m'importune, ou plutôt tout m'est indifférent. Je ne puis me rattacher à rien : je ne compte plus les jours; il en est même où je ne souffre pas. Vous avez fait en moi le silence, la nuit, le néant du tombeau. Vous qui nous délaissez, vous vous glorifiez de nos larmes. Ce n'est pas vous, cruels, que nous pleurons; vous ne valez pas un regret ; mais notre cœur que vous avez flétri, mais la meilleure portion de nous-même que nous laissons à votre amour, comme les troupeaux leur laine aux buissons. Te le dirai-je ? Oserai-je le dire sans expirer de honte ? Tu sais bien mon fils, Évariste, cet enfant négligé pour toi ? Il est là, près de moi, tendre, soumis, discret, sacrifiant les ardeurs de son âge aux soins d'une ingrate douleur. Il est là ; pour que rien ne manquât au crime de sa mère, Dieu lui a donné la grâce, l'intelligence et la bonté. Quelle femme ne serait heureuse et fière de pouvoir l'appeler son fils ? Eh bien ! sa présence m'irrite, sa tendresse me gêne, et je crois, pardonnez-moi, Seigneur ! je crois que je ne l'aime pas... »

A ces mots, Richard froissa la lettre entre ses mains et la jeta loin de lui sans avoir achevé de la lire. Long-temps il laissa déborder l'amertume de ses réflexions, long-temps il éclata en sanglots et en imprécations jalouses; puis, en songeant à ce que l'infortunée avait dû souffrir pour en venir à cette extrémité, sa colère s'abattit une fois encore en une pluie de larmes, et il lui pardonna dans son cœur. Mais à l'autre il ne pardonnait pas, et sa haine se nourrissait du sang de son amour.

Plus désintéressé, ainsi que nous le disions tout à l'heure, avec quelque intelligence des choses de la passion, peut-être ce jeune homme eût-il enveloppé ces deux destinées dans un même sentiment attendri; mais Richard était loin des conditions essentielles à l'indulgence. Il ignorait à quels chocs imprévus, à quels principes dissolvants, à quelles lois inévitables est soumise l'union des âmes; il avait toute la foi, toute la candeur, toutes les naïves indignations de son âge; et quand même madame de Beaumeillant n'eût été pour lui qu'une étrangère, il n'en aurait pas moins senti son sang révolté se soulever contre cet homme. Tout l'excitait, tout l'armait contre lui. Il n'était pas une de ces lettres où madame de Beaumeillant ne passât en moins de quelques pages, parfois en moins de quelques lignes, de l'adoration à l'insulte et de l'emportement à la prière; tour à tour suppliante et terrible, se traînant aux pieds de l'ingrat ou lui jetant l'invective au visage, essuyant avec ses lèvres la boue des injures, puis effaçant bientôt la trace des baisers sous de nouveaux outrages. Richard ne savait pas à quels excès de langage la passion aux abois pousse ces faibles âmes, ni quel affreux besoin est en elles d'avilir leur amour, comme si, en le flétrissant, elles espéraient en guérir. Il dut prendre au sérieux, dans leur sens littéral, tous ces outrages et tous ces blasphèmes, et conclure naturellement que cet Évariste était un infâme. Et pourtant, dans les lettres de madame de Beaumeillant, ce n'étaient pas les expressions inspirées par le mépris et par la colère qui l'irritaient le plus, cet enfant, mais le langage tendre et passionné, le refrain amoureux et doucement plaintif qui se mêlait incessamment aux cris de la passion blessée. Il ne se rendait pas compte des sentiments qui l'agitaient alors ; mais, à son insu, c'était moins au bourreau qu'à l'amant que s'adressait sa haine, et la jalousie entrait au moins pour moitié dans son désespoir.

Voici quelques fragments de la lettre que madame de Beaumeillant avait écrite, sans doute, à la veille d'expirer :

« Depuis deux ans, je vous attends tous les jours et je vous appelle, vous ou la mort. Vous n'êtes pas venu, vous ! Unique amie de mon désespoir, sois bénie, c'est Dieu qui t'envoie ; Dieu a eu pitié de ma peine. Évariste, je vais mourir ; je vous l'avais dit, il le fallait d'ailleurs ; vivre sans vous, n'était-ce pas vous être infidèle ! O mon ami ! je ne vous en veux pas. Il m'est doux de mourir de mon amour, puisque vous n'avez pas voulu me laisser vivre du vôtre. Je n'ai qu'un regret à cette heure, c'est que ma mort ne trouble votre

vie et ne vous soit une punition trop cruelle.
Qu'est-ce après tout? une âme délaissée qui
s'en va. Et pourtant, en songeant combien il
vous eût fallu peu d'efforts pour la rendre
heureuse, je ne puis m'empêcher de vous en
vouloir un peu. Pardonnez à ces derniers regrets. Je souhaite bien ardemment que vous
puissiez ignorer toujours ma fin prématurée;
je vous parle ici dans mon cœur; ces lignes
n'iront pas jusqu'à vous. Mais si jamais vous
en étiez instruit, je vous supplie de ne pas
en avoir trop de remords. Allez, tout cela
est bien peu de chose. Je vous le demande,
pour qui et pour quoi vivrais-je? Il est bien
décidé, n'est-ce pas, que vous ne voulez plus
de moi? Inutile à votre bonheur, que puis-je
espérer sur la terre? J'ai porté deux ans le
deuil de votre amour; je n'ai point failli à ma
douleur; maintenant, je puis partir. Dieu est
bon : je suis calme, résignée, presque joyeuse.
Il est pourtant des choses auxquelles ma pensée s'arrête malgré moi. Tenez, par exemple :
il est certain que mon heure approche, demain sans doute j'aurai cessé d'exister. La fiè-

vre a brûlé mes os ; mon sang épuisé n'arrivera bientôt plus à mon cœur ; ma vue se trouble, tout mon être s'affaisse, la main qui vous écrit est tremblante et déjà glacée. Eh bien ! vous pourriez d'un seul mot ce que Dieu ne pourrait pas sans vous, tromper la mort et me rendre à la vie. Vivre, je pourrais vivre encore ! Oh ! la vie, Évariste ! le soleil et l'azur des cieux ! les nuits étoilées et sereines ! le parfum des fleurs et l'ombrage des bois, tous ces biens me seraient rendus ! un mot de vous suffirait pour cela, et ce mot, vous ne le direz pas. — Il n'y faut plus songer. Que votre volonté s'accomplisse ! Vous aurez été inflexible comme le destin. Oui, vous avez été cruel ; je ne crois pas que beaucoup d'hommes aient été pour de pauvres femmes aussi cruels que vous l'avez été pour cette pauvre abandonnée ! Où donc avez-vous pris ce féroce courage ? Saviez-vous, ami, qu'on en meurt ? Ah ! j'aurais bien voulu vous voir une fois encore pour vous demander pardon du mal que j'ai pu vous faire. Si vous avez souffert par moi, croyez que j'en suis innocente ; si j'ai péché vis-à-vis de vous, ce n'a jamais été, je vous jure, que par excès de tendresse. Je m'en irais tout à fait heureuse, si j'étais sûre de vous laisser de doux souvenirs, et cette conviction que je vous ai beaucoup aimé... »

Et, sur un feuillet détaché, ces mots à peine lisibles :

« Un dernier adieu! un adieu éternel! Où êtes-vous? que faites-vous? Je viens de voir, à travers les arbres, un cavalier passer au galop sur la route. O mon Dieu! si c'était vous! Il m'a semblé vous reconnaître. Peut-être est-ce vous! vous êtes si bon! Quelque chose vous aura crié que j'allais mourir, et vous serez parti, et voilà que vous accourez. Seigneur, faites que ce soit lui, que je le voie une fois encore! »

— Et moi, ma mère, et moi! s'écria le malheureux jeune homme.

Il ne put en dire davantage. Il avait caché

sa tête entre ses mains; il demeura long-temps ainsi, anéanti dans sa douleur.

Cependant l'aube blanchissait l'horizon. Appuyé sur le balcon de la fenêtre ouverte, il se prit à contempler d'un regard distrait les nuées que le vent éparpillait dans le bleu du ciel. L'orage s'était dissipé; de molles vapeurs se détachaient, comme des flocons de ouate, du flanc des coteaux; les oiseaux gazouillaient sous la feuillée humide; le parc étincelait comme un vaste écrin, aux premiers rayons du soleil. Richard s'arracha brusquement à ce réveil des joies de la nature. Le foyer brûlait encore; il y jeta, une à une, les lettres qu'il venait de lire. Le feu les dévora toutes, excepté la dernière, que le jeune homme voulut garder.

Il avait trouvé au fond de la cassette plusieurs enveloppes vides, à l'adresse de madame de Beaumeillant, reliques des temps heureux, conservées là sans doute par une de ces puérilités de l'amour qui donnent du prix aux moindres choses qui nous viennent de l'être aimé. Toutes les suscriptions étaient de la même écriture; tous les cachets étaient intacts et portaient la même empreinte armoriée. Il mit de côté une de ces enveloppes et livra les autres aux flammes. Ces soins accomplis, il pardonna une fois encore à sa mère; puis, s'adressant par la pensée à l'homme qui avait fait le mal :

— Où que tu sois, dit-il, et qui que tu sois, je te trouverai. Le monde est grand, mais la vie est longue.

III.

Richard entra dans le monde, sans guide, sans appui, triste et solitaire. Les salons les moins accessibles s'ouvrirent devant le nom de son père, qu'il portait d'ailleurs en digne héritier d'une race de preux. Il était beau, silencieux, grave et fier. Élevé au fond des bois, s'il n'avait point cette science banale que donnent l'usage et le frottement de la vie mondaine, il y suppléait par une distinction naturelle et par une instinctive élégance, qui révé laient à coup sûr la noblesse de son origine. Son titre et sa fortune, son air jeune et souffrant, son front pâle et chargé d'ennuis, la réserve un peu hautaine de son attitude et de ses manières, tout enfin, jusqu'à la sombre sévérité de son costume, le signalèrent aussitôt à la bienveillance de plusieurs et à la curiosité de tous.

Ce qui le frappa d'abord, ce fut de voir quel souvenir auguste et vénéré le comte de Beaumeillant avait laissé parmi les hommes, quels hommages éveillait son nom, quelles sympathies soudaines ce nom faisait lever dans la foule. On n'enseigna point à Richard le respect qu'il devait à la mémoire de son père; ce respect était dans son cœur, mais froid et compassé, comme tout sentiment qu'impose le devoir et que n'exalte point la tendresse.

Dès son plus bas âge, Richard n'avait vu dans le comte de Beaumeillant qu'un vieillard soucieux et morose. Il ne se souvenait pas d'avoir surpris sur sa bouche un sourire, dans ses yeux un regard caressant. Le comte aimait pourtant son fils ; mais, empoisonné dans sa source, cet amour avait manqué d'expansion, de grâce et de charmes.

En grandissant, Richard l'avait sourdement accusé de l'exil de sa mère. Faut-il le dire? plus d'une fois il avait senti près de lui remuer dans son sein quelque chose de pareil à la haine, qu'il s'était aussitôt empressé d'étouffer, mais sans se demander jamais si ces impassibles dehors ne cachaient pas une âme profondément blessée qui dévorait son sang et ses larmes. Pitié, tendresse, amour, tout avait été pour l'absente.

Soit qu'il eût compris ce qui se passait dans le cœur du jeune homme, et qu'il fût trop fier pour se plaindre et pour se justifier, soit qu'il n'eût fait qu'obéir aux dispositions d'un esprit chagrin et d'un caractère taciturne, M. de Beaumeillant avait toujours négligé de vaincre les répugnances de Richard, et d'établir entre son fils et lui des rapports plus affectueux et plus intimes. Ainsi, quoique respirant sous le même toit, tous deux avaient vécu tellement séparés l'un de l'autre, que Richard, en entrant dans le monde, ne savait de la vie de son père que ce qu'il en avait vu lui-même. Pouvait-il soupçonner que cette existence, qu'il voyait tristement s'éteindre dans les ennuis de la solitude et de l'abandon, recélât un passé glorieux; que cette destinée si sombre à son déclin eût été belle à son aurore? Jamais le comte ne l'avait entretenu des grandes choses de sa jeunesse, jamais la comtesse ne s'était parée de la gloire de son époux; ce fut le monde qui apprit à Richard quel homme il avait eu pour père.

Le comte de Beaumeillant avait été un de ces loyaux et fidèles serviteurs dont la légitimité aura pour toujours emporté le type chevaleresque dans un des plis de son linceul. Au premier cri poussé par la monarchie aux abois, il avait tiré son épée et n'était revenu dans le château de ses ancêtres qu'après avoir vu ses maîtres légitimes paisiblement assis sur le trône de leurs aïeux. Il avait partagé les labeurs et la gloire d'une lutte féconde en héros; il avait été grand sur une terre de géants. Lors de l'arrivée de Richard à Paris, la révolution de 1830 venait d'ébranler le sol de la Vendée, d'en remuer les cendres, d'en raviver les souvenirs. Sur la rive gauche de la Seine, dans ce monde où l'on garde encore le culte du malheur et la religion de l'exil, Richard entra, portant, sans s'en douter, comme une étoile au front, la vieille renommée paternelle.

Sa première visite fut au marquis de Penhoëdic.

Il savait que les Penhoëdic s'étaient alliés autrefois aux Beaumeillant, et qu'une étroite amitié avait de tout temps existé entre les deux familles. En effet, à peine eut-on annoncé le jeune comte, qu'à ce nom le marquis se leva : il pressa Richard sur son cœur et le tint long-temps embrassé. La marquise lui tendit une main blanche et sèche qu'il porta respectueusement à ses lèvres. Rangées auprès de leur mère, mesdemoiselles de Penhoëdic, trois fleurs de grâce et de beauté, écloses sur la même tige dans le jardin de l'aristocratie, l'observaient avec intérêt, tandis que quelques personnes qui se trouvaient réunies dans le salon de la marquise s'empressaient autour de lui, car toutes avaient connu le comte de Beaumeillant, son père.

Après les premières effusions, la conversation s'engagea, et l'on peut juger de l'étonnement de Richard, en se voyant tout d'un coup et comme par enchantement illuminé par le reflet d'une renommée qu'il n'avait même pas pressentie jusqu'alors. Ce fut pour lui comme un lever de soleil sans aube et sans aurore. Le comte de Beaumeillant et le marquis de Penhoëdic avaient été compagnons d'armes ; ils avaient combattu sous le même drapeau, partagé les mêmes dangers, mêlé leur sang sur les mêmes champs de bataille. Le marquis rappela les grandes choses qu'avait accomplies le comte ; il n'oublia point qu'à l'armée vendéenne on l'avait surnommé, comme Bayard, le chevalier sans peur et sans reproches. Il cita plus d'un trait qui fit monter au front du jeune homme la rougeur d'un noble et saint orgueil.

Comme il achevait de raconter qu'il avait dû deux fois la vie au courage et au dévouement de l'ami qu'il appelait son frère, on annonça M. de Kervégan. Le marquis présenta tout d'abord au nouveau-venu le jeune Beaumeillant. A ce nom, M. de Kervégan embrassa Richard avec une brusque tendresse qui tenait à la fois du soldat et du gentilhomme.

— Si vous avez le cœur de votre père, lui dit-il, vous serez Richard-Cœur-de-Lion.

Bientôt l'entretien devint général ; chacun apporta son offrande à la mémoire du guerrier breton. Il y eut plus d'une révélation glorieuse, et le comte de Beaumeillant fut vengé, en ce jour, de l'oubli qui avait rongé, comme une rouille, la dernière moitié de son existence. A la fois surpris et charmé, Richard écoutait, honteux en même temps d'avoir jusqu'à présent ignoré cette gloire ; lui cependant dont la tête, l'esprit et le cœur n'étaient remplis que d'une seule image et d'une pensée unique, il ne tarda pas à remarquer que le nom de sa mère était, pour ainsi dire, exilé de la conversation, et qu'on semblait même éviter toute allusion à son souvenir.

Nous l'avons dit, ce jeune homme ne savait rien du monde; il ignorait de quelle réprobation la société frappe certaines fautes, combien elle est impitoyable à tout ce qui vit en dehors de sa loi. Il n'avait jamais vu dans sa mère qu'une tendre victime, digne de la pitié de tous, et ne supposait pas, d'ailleurs, que le monde fût dans le secret de ses égarements. Il essaya donc plus d'une fois de mêler à l'entretien le nom de madame de Beaumeillant; mais, chaque fois qu'il le tenta, ce nom n'éveilla point d'écho et tomba silencieusement sans être relevé par personne. Richard se sentit pris d'un sourd malaise, d'une vague inquiétude qu'il subit d'abord sans chercher à s'en rendre compte; seulement, plus il entendait exalter son père, plus il éprouvait le besoin de venger sa mère de l'indifférence qui pesait sur elle. Il y avait en lui deux orgueils, l'un qui triomphait, l'autre qui souffrait, d'autant plus vulnérable, celui-ci, qu'il réunissait toutes les susceptibilités de l'amour et de la tendresse.

Il arriva que M. de Kervégan, qui, voyant Richard vêtu de noir des pieds à la tête, avait pensé que ce jeune homme portait le deuil de son père, l'interrogea sur la perte qu'il croyait récente, car les amis du comte de Beaumeillant avaient long-temps ignoré sa mort, et M. de Kervégan venait d'en recevoir la première nouvelle.

— Mon père est mort depuis cinq ans, répondit Richard; le deuil que je porte, ajouta-t-il avec un fier sentiment de douleur, je le porterai durant ma vie entière, c'est le deuil de ma mère, comtesse de Beaumeillant.

Il tomba sur ces mots un silence de glace.

— Monsieur, dit enfin la marquise en s'adressant à Richard, Dieu devait à votre noble père la consolation de partir d'ici-bas sans avoir vu le roi, notre maître, reprendre le chemin de l'exil. Nous le pleurons; ce n'est pas à nous de le plaindre.

A ces mots, le jeune gentilhomme se leva froidement. Il venait de comprendre que la comtesse de Beaumeillant était jugée et condamnée; il avait appris en même temps et du même coup la gloire et la honte de sa famille.

Richard retrouva partout l'accueil qu'il avait reçu à l'hôtel de Penhoëdic. Partout il vit les bienveillances les plus flatteuses et les sympathies les plus honorables accourir et s'empresser autour de son nom; il vit partout rayonner la mémoire du comte, tandis que celle de la comtesse restait ensevelie dans la nuit et dans le silence. Loin d'en être atteint, son amour s'en accrut. Mieux il comprit que le souvenir de sa mère était frappé d'interdit, plus il la plaça haut dans son généreux cœur. Le bien qu'il entendait dire constamment de son père avait fini par l'irriter. Que de fois, lorsqu'il revenait à sa solitude, blessé au plus sensible endroit de son être, il évoqua l'ombre adorée pour la couvrir de ses pleurs et de ses baisers! Que de fois il ouvrit son cœur saignant à sa chère malheureuse proscrite! Que de fois, pour la venger du dédain et du mépris des hommes, il répandit sur elle des trésors d'indulgence et de bénédiction!

Richard pardonnait et s'exaltait dans sa tendresse, comme s'il eût compris que sa destinée crierait d'elle-même assez haut contre la mère qui l'avait faite si rude et si lourde à porter.

Déjà l'expiation commençait.

Jusqu'alors Richard n'avait souffert que dans

son amour; au contact du monde, sa blessure s'envenima. Ses susceptibilités s'aigrirent, son imagination se frappa; le monde lui devint un enfer qu'il peupla de sombres fantômes. Une défiance maladive égara ses perceptions; sous le coup d'une préoccupation acharnée, la réalité prit à ses yeux des formes terribles et des proportions menaçantes. Le déshonneur des mères est aux fils un pesant fardeau. Richard en arriva bientôt à croire qu'il portait sur son front le secret qui le consumait. Aux regards les plus inoffensifs il prêtait des intentions offensantes. Son nom prononcé dans la foule le faisait tressaillir de terreur et de honte. Les paroles prononcées près de lui sifflaient comme des serpents à ses oreilles. Il se blessait aux discours les plus innocents, et se déchirait aux plus bienveillants sourires. Il ne voyait partout qu'allusions cruelles et railleuses. Exaltait-on devant lui la mémoire du comte de Beaumeillant, ce n'était qu'en vue d'outrager la mémoire de la comtesse. Il lui semblait qu'on se taisait à son approche, qu'on l'observait à la dérobée, que tous les groupes s'entretenaient mystérieusement des fautes et des égarements de sa mère.

Ainsi, jeune et beau, joignant aux qualités les plus précieuses du cœur et de l'esprit le double privilége de la naissance et de la fortune, Richard vit, comme un printemps sans fleurs et sans soleil, s'achever dans l'ennui et dans la tristesse le pâle matin de sa vie. Il n'eut pas même la ressource d'épancher ses peines dans un sein fraternel; il n'avait point d'ami. Naturellement fier et réservé, élevé solitairement, habitué de bonne heure aux émotions silencieuses, la défiance avait achevé de le renfermer en lui-même. C'était d'ailleurs une âme trop délicate et trop exquise pour rien laisser voir du mal qu'elle endurait. Il est telles douleurs qui ne sortent jamais d'une noble poitrine.

Ce qui le soutenait dans cette dure épreuve qui n'avait que Dieu pour confident et pour témoin, ce qui lui faisait prendre sa sombre destinée en patience, ce qui le retenait dans ce monde où ses pieds meurtris saignaient à chaque pas, c'était la haine. Jamais, au plus fort de ses amertumes, il n'avait accusé sa mère; toujours il s'était dit que, tombée entre des mains infâmes, elle avait été moins coupable que malheureuse. Il pleurait sur elle et ne l'accusait pas; mais l'homme qui l'avait perdue, Richard le haïssait d'une haine implacable et profonde. A quelles fins souhaitait-il de le découvrir et de le rencontrer? Ses idées de vengeance n'avaient rien d'arrêté ni de fixe; mais il le haïssait dans l'âme, et, pour se trouver, une fois seulement, face à face avec lui, Richard eût volontiers donné sa vie entière. Où le prendre? où le chercher? En arrivant à Paris, Richard s'était imaginé qu'il le reconnaîtrait entre tous, cet homme qu'il ne connaissait pas; il lui semblait que des indices certains devaient tout d'abord le lui signaler dans la foule. Partout, à chaque instant, il s'était attendu à le voir apparaître. Il s'en était fié à ses instincts, il avait compté sur une voix infaillible qui tout d'un coup lui crierait : Le voici! voici le bourreau de ta mère! Enfin, ô candeur du jeune âge! il s'était dit que le mépris général le lui indiquerait à coup sûr, qu'il entendrait parler sans doute d'un homme perdu de mœurs et de réputation, se faisant un jeu de l'honneur des familles, et que cet homme sans cœur et sans âme serait précisément celui qu'appelait sa colère.

Aucune de ces prévisions ne se réalisa. Parmi toutes les physionomies effacées dont se composent les réunions du monde, Richard n'en trouva pas une seule qui répondît au type qu'il s'était forgé. Le mépris général lui indiqua des parjures et des faussaires, des traîtres et des apostats, mais non pas en amour, terrain neutre sur lequel les hommes peuvent tout oser sans encourir la réprobation qui frappe impitoyablement leurs victimes. Richard chercha donc vainement sa proie.

Las d'errer comme une âme en peine dans un monde où tout le froissait, il se préparait, soit à voyager, soit à retourner dans son château de Bretagne, lorsqu'un incident qui devait se présenter tôt ou tard changea subitement le cours de sa destinée.

Un soir qu'il se trouvait dans un salon du faubourg Saint-Germain, en passant près d'un groupe de jeunes gens qui ne le savaient pas si près, il entendit outrager sa mère. Le lendemain, une rencontre eut lieu au bois de Boulogne. Richard reçut un coup d'épée dans la poitrine.

Comme les témoins s'empressaient autour de lui, une calèche découverte s'arrêta à l'entrée de l'allée où venait de se vider l'affaire; c'était la voiture d'un gentilhomme que Richard avait vu çà et là dans le monde, et vers lequel il s'était senti naturellement attiré, malgré la différence de leurs âges.

Propriétaire, à Auteuil, d'un cottage qu'il habitait durant la belle saison, M. de la Tremblaye (c'était son nom) avait l'habitude de faire, chaque matin, un tour de bois, au pas de ses chevaux. Bien qu'il eût franchi depuis quelques années le seuil de la virilité, il était jeune encore. Élégant et sévère dans son maintien et dans son costume, laissant lire sur son front la dignité de son caractère, c'était un de ces hommes qui vous imposent en vous regardant et vous honorent en vous donnant la main.

Il mit pied à terre, s'approcha du blessé, et parut péniblement surpris de reconnaître M. de Beaumeillant, étendu sans vie sur le gazon de la contre-allée. Après l'avoir saigné sur place, le chirurgien qui avait assisté au combat ayant déclaré que ce jeune homme n'était pas en état de supporter le mouvement de la voiture et la fatigue du retour à la ville, M. de la Tremblaye s'empressa d'offrir sa maison d'Auteuil, où l'on porta Richard sur un lit de feuillage.

La blessure était grave. Tant que dura le danger, M. de La Tremblaye veilla assidûment au chevet de son hôte. La convalescence fut longue. Richard en passa les premiers jours à Auteuil, il y revint fréquemment après sa guérison. Quoique ces deux hommes ne fussent pas au même point de la vie, il s'établit entre eux une intimité sérieuse, fondée sur une estime mutuelle et sur des sympathies réciproques. Pour la première fois Richard trouvait à échanger sans crainte et sans défiance ses idées et ses sentiments. M. de La Tremblaye ne toucha que d'une main discrète et délicate aux peines de son jeune ami, il respecta le secret de sa destinée et n'essaya point d'en soulever le voile; mais il versa sur ce cœur souffrant le baume salutaire d'une saine philosophie.

Ils avaient, le soir, sous les frais ombrages, de longs entretiens qui exerçaient sur l'esprit de Richard de bienfaisantes influences et le ramenaient insensiblement à une appréciation plus sage et plus vraie des choses d'ici-bas. M. de La Tremblaye était une de ces natures d'élite que l'expérience féconde et que la douleur enrichit. Chez lui, la faculté de sentir et d'aimer avait survécu aux illusions de la jeunesse. Il n'avait point ce scepticisme railleur que donne aux organisations d'une trempe moins généreuse la science amère de l'humanité. Il releva l'âme abattue de Richard, il la doubla, pour ainsi dire, de la sienne, et lui ouvrit des horizons que M. de Beaumeillant n'avait pas jusqu'alors entrevus.

Il l'entretenait gravement, lui conseillait d'occuper sa vie, de développer son intelligence et d'en diriger l'activité vers un but élevé et honnête.

— Montrez-vous digne, lui disait-il parfois, du nom que vous a laissé votre père. Continuez vos aïeux : noblesse oblige. Je sais trop bien que notre épopée est close, et qu'il semble que la vieille aristocratie n'ait plus qu'à se croiser les bras et à regarder du haut de ses châteaux déserts passer le flot bourbeux d'une époque de prose et d'argent. Mais, quoi qu'on dise et qu'on fasse, nos noms pèseront toujours dans les destinées de la France. Tout homme a d'ailleurs sa mesure à donner. A l'œuvre donc! Ne laissez pas se consumer dans l'oisiveté les facultés que Dieu a mises en vous : ne vivez plus, ainsi que vous l'avez fait jusqu'à présent, dans la contemplation d'une douleur que j'ignore, que je respecte, mais qui ne doit pas, quelle qu'elle soit, vous détourner de vos devoirs.

Cependant la santé de Richard était loin d'être entièrement rétablie. Aux approches de l'hiver, les médecins lui ayant conseillé l'air du midi, il se disposa à partir pour Rome. M. de La Tremblaye, qu'il alla voir la veille de son départ, l'approuva fort dans ses projets de voyage. Il regretta seulement de ne pouvoir l'accompagner. Des liens sacrés le retenaient; sa mère, en mourant, lui avait laissé le soin d'une jeune sœur qui n'avait d'autre appui ni d'autre protection que son frère; son éducation, qu'il surveillait, à Paris, depuis quelques années, était sur le point de s'achever, et tous deux devaient partir incessamment pour leur terre en Dauphiné.

— Je compte, monsieur, ajouta M. de La

Tremblaye, qu'à votre retour en France vous viendrez nous y voir.

Richard en prit l'engagement; ils se séparèrent après s'être serré la main cordialement.

La solitude est un mauvais compagnon de route. Toutefois les débuts du voyage ne furent pas sans quelque charme. Richard avait tant souffert de la gêne et de la contrainte que l'héritage maternel lui imposait vis-à-vis du monde, qu'il quitta Paris avec un sentiment de joie sauvage, pareille à celle que doit éprouver le prisonnier qui voit tomber ses fers. Une fois hors de France, l'air lui sembla plus pur et plus léger. Affranchi des lourdes préoccupations qui l'avaient si long-temps obsédé, il allait libre et presque joyeux. Là du moins, sur la terre étrangère, il n'avait point à redouter les curiosités blessantes, les traces douloureuses, les souvenirs irritants; il ne craignait plus d'éveiller sous ses pas la honte de sa mère.

Il ne tarda pas à subir d'heureuses influences. Le mouvement, la variété des lieux, les accidents du paysage, brisèrent le cours de ses pensées et le détournèrent forcément de lui-même. Le spectacle des cimes alpestres éleva son âme, l'agrandit et la détacha des choses de la terre. La contemplation de la nature, tout en exaltant sa douleur, l'épura et la dégagea du levain et de l'amertume qu'y avait mêlés le contact des hommes. A Rome, l'amour des arts, le culte du passé, l'étude des poètes, se partagèrent ses journées solitaires. Lorsqu'au printemps il partit pour Florence, il était calme, moins ulcéré, sinon guéri ; mais la fatalité voulut que le poids de sa destinée, un instant soulevé, retombât plus lourd que jamais sur son cœur et achevât de le meurtrir.

Un jour qu'il était allé visiter la Vallombreuse, à quelques milles de Florence, couché sur le versant du coteau, tandis que le soleil descendait à l'immense horizon, Richard rêvait de sa mère avec tristesse et avec amour, car elle était encore et toujours son unique pensée, sa préoccupation constante.

Quand il fut l'heure de regagner la ville, il alla prendre congé des religieux et les remercier de leur franche hospitalité. Avant qu'il s'éloignât, un des frères lui remit un énorme registre, sur lequel les visiteurs de la chartreuse étaient priés d'écrire leurs noms et leurs impressions poétiques. Richard se prit à feuilleter ces archives dont les premières pages remontaient à plus de dix ans. Pour des milliers de noms obscurs, il s'y trouvait quelques noms célèbres ; quelques pensées gracieuses, quelques vers ingénieux, quelques réflexions profondes, étaient perdus dans un fouillis de niaiseries et de platitudes. Richard tournait machinalement les feuillets, quand tout d'un coup deux noms s'en détachèrent, le frappèrent aux yeux comme un double éclair et s'enfoncèrent comme une arme à deux tranchants dans son cœur. Ces deux noms, *Évariste* et *Laurence,* écrits l'un près de l'autre sur la même page, renfermaient toute sa destinée ; Laurence était le nom de madame de Beaumeillant. C'était bien madame de Beaumeillant — son fils reconnut l'écriture — qui avait déposé là son nom près de celui de son amant.

Richard ne put se défendre d'un mouvement de haine et de colère. Après avoir déchiré la page et jeté les morceaux au vent, il s'échappa dans les bois, où son âme éclata en larmes, en sanglots, et, pour la première fois, en reproches sanglants et terribles. Cette fois enfin, dans l'égarement de son désespoir, le malheureux accusa sa mère, il la repoussa de son cœur, il l'accabla de son mépris; puis, honteux de ses emportements, il se jeta sur le gazon et il l'arrosa de ses pleurs, en priant l'ombre outragée de lui pardonner ses blasphèmes. Mais sa douleur venait d'être mortellement atteinte dans ses illusions les plus chères. Jusqu'à présent il avait cru que madame de Beaumeillant n'avait été que la victime de l'homme qui l'avait perdue; il commença dès lors à comprendre qu'elle avait été sa complice. Jusqu'à ce jour il n'avait vu en elle qu'une martyre; dès lors il entrevit qu'elle avait épuisé les joies de la passion avant d'en subir les tortures, et que c'était à lui qu'était échu le vrai martyre.

C'en était fini des charmes du voyage. Cette terre où madame de Beaumeillant avait promené ses coupables amours devint odieuse à Richard; son imagination lui offrit partout l'image de sa mère infidèle. Ses pas ne suivaient que des traces brûlantes; dans les creux des vallées, sur la pente des monts, il voyait partout deux fantômes amoureux qui glissaient, inclinés mollement l'un vers l'autre; le bruit du vent et le murmure des flots mariaient dans leurs éternels concerts les noms d'Évariste et de Laurence; les merveilles des arts ne lui parlaient plus que de deux amants qui les avaient admirées dans l'ivresse de leur bonheur et dans la joie de leurs folles tendresses; toute la nature lui dénonçait leurs caresses et leurs baisers. Ils avaient erré le long de ces rivages; ces flots les avaient bercés sur leur sein d'azur; ils avaient respiré le parfum de ces orangers; à l'ombre de ces bois, ils avaient mêlé leurs soupirs. Lui, cependant, il allait seul, le cœur déchiré, le front couvert de honte, recueillant sur sa route les fruits de l'adultère, courbé sous la croix de l'expiation, et lavant de ses larmes les traces de sa mère.

Dans l'abîme de tristesse où il venait de retomber, Richard se souvint des soirées d'Auteuil. Résolu à s'ensevelir dans son château de Bretagne, il voulut consacrer d'abord quelques jours à M. de La Tremblaye. Le souvenir de ce gentilhomme lui était resté bien avant dans le cœur. Il repassa les monts, traversa la Savoie et ne s'arrêta qu'à Grenoble, où sa voiture rencontra celle de M. de La Tremblaye, que ses affaires amenaient à la ville. En se reconnaissant l'un l'autre, tous deux mirent en même temps pied à terre et s'embrassèrent chaleureusement. M. de La Tremblaye retournait le jour même à sa terre. Il conseilla à son jeune ami de laisser sa chaise à Grenoble et lui offrit dans sa calèche une place que Richard accepta.

IV.

La Tremblaye est un vaste domaine situé à quelques lieues de Grenoble, entre Voreppe et Saint-Laurent-du-Pont. Le château, qui en est le centre et, pour ainsi dire, le point de ralliement, s'élève à mi-côte et domine la magnifique vallée de l'Isère. On y arrive par de gracieux détours, le long d'une pente insensible, à travers une forêt de trembles qui sont comme les armes parlantes de l'antique maison qu'ils ombragent. Pendant le trajet qu'ils firent en calèche découverte, par une tiède soirée d'automne, M. de La Tremblaye interrogea discrètement Richard, et s'affligea de le voir, au retour, plus triste, plus sombre et plus découragé qu'il ne l'était avant son départ. Richard évita de parler de lui ; l'Italie défraya la conversation.

Au détour du sentier qui mène de Voreppe à Saint-Laurent, ils aperçurent, le long des haies, une amazone qui semblait venir à leur rencontre, au galop d'un coursier rapide.

— C'est ma sœur ! s'écria M. de La Tremblaye, avec l'expression de l'orgueil et de la tendresse.

Au même instant, la calèche s'arrêta, la jeune fille sauta légèrement à bas de son cheval, et s'élança près de son frère, qu'elle entoura de ses bras caressants.

— C'est ma sœur ! c'est ma chère Pauline ! répéta M. de La Tremblaye, tandis qu'il couvrait de baisers le front et les cheveux de la belle enfant, qui ne paraissait pas se douter de la présence de Richard.

M. de La Tremblaye lui ayant présenté M. de Beaumeillant, elle le regarda d'un air curieux ; puis, sans se préoccuper de lui davantage, elle continua d'entretenir tendrement son frère. Richard contemplait d'un air souriant et mélancolique le tableau de ces douces joies.

Bien qu'en réalité elle échappât à peine aux grâces naïves de l'enfance, mademoiselle de La Tremblaye n'était déjà plus une enfant. Grande, souple, élancée, la finesse et la délicatesse de ses traits donnaient à son visage l'air d'une fleur épanouie sur une tige longue et flexible. Elle avait la blanche et royale beauté du lis; on sentait, à la voir, qu'elle avait dû naître et grandir à l'ombre d'un château féodal. Au repos, elle était grave et fière. L'intelligence rayonnait sur son front et la bonté dans son sourire. Ses cheveux noirs, fins et luisants, se rabattaient sur ses tempes comme deux ailes de corbeau. Ses grands yeux bruns avaient le regard limpide, curieux, doux et sauvage, de la biche errant dans les bois. Sous son costume d'amazone, on eût dit une jeune guerrière, une blanche héroïne des temps chevaleresques.

Richard, qui s'était attendu à ne trouver dans la sœur de M. de La Tremblaye qu'une petite pensionnaire, observait avec un sentiment d'admiration mêlée de surprise cette charmante créature, qui unissait, par un rare et précieux privilége, à la suavité de la beauté britannique la calme gravité de la beauté romaine.

A la tombée de la nuit, la calèche s'arrêta devant la grille du château. Après avoir installé son hôte dans un pavillon élégant, rempli de livres et de fleurs, et caché comme un nid sous un massif de feuillages :

— Monsieur, lui dit M. de La Tremblaye,

veuillez regarder cette maison comme vôtre.
Je compterai au nombre de mes jours heureux les jours que vous consentirez à perdre sous notre toit.

— Votre noble et généreuse hospitalité m'est déjà connue, répondit Richard; mais j'ignorais que vous eussiez pour sœur un ange de grâce et de beauté.

— Un ange en effet, ajouta M. de La Tremblaye. Parfois vous me demandiez, à Auteuil, le secret de ma philosophie : ce secret, vous le connaissez à cette heure. Ne pensez pas que le sort m'ait fait grâce ; j'ai vécu, j'ai souffert ; j'ai long-temps, comme vous, désespéré de toutes choses. C'est Pauline qui m'a sauvé. C'est elle qui m'a rattaché à l'éternelle loi de l'ordre et du devoir. Elle m'a rajeuni en me rendant meilleur. La fraîcheur de son âme a passé sur mon cœur ; j'ai mis ses illusions à la place des miennes ; j'ai, pour ainsi dire, reverdi sous ses espérances, comme un rameau brisé sous des pousses nouvelles. Elle est un second printemps dans ma vie. Vous l'avez dit, monsieur, c'est un ange; c'est l'ange gardien que nous appelons une sœur.

Lorsqu'au bout de quelques jours M. de Beaumeillant parla de son départ : — Pourquoi vouloir nous quitter si tôt? lui dit M. de La Tremblaye d'un ton de reproche affectueux. Notre hospitalité vous est-elle importune? Votre cœur se sent-il mal à l'aise avec nous? S'il en est ainsi, partez; mais si notre affection vous est bonne, et si nulle affaire ne vous presse, restez, votre présence nous est chère. Pauline, au besoin, mêlera ses instances aux miennes, ajouta-t-il en regardant sa sœur.

A cette intepellation, la jeune fille demeura calme, silencieuse, immobile; mais, lorsqu'après avoir résisté faiblement, Richard déclara qu'il resterait quelques jours encore, Pauline tressaillit imperceptiblement, et une légère teinte rosée colora la blancheur de ses joues.

Le fait est que mademoiselle de La Tremblaye n'entra pour rien dans la détermination de Richard, et qu'en consentant à prolonger son séjour au château, ce jeune homme était loin de soupçonner que Pauline dût s'en réjouir. C'est à peine s'il avait jusqu'à ce jour échangé quelques paroles avec elle. Chaque fois qu'il l'avait rencontrée dans le parc, elle s'était enfuie à son approche, et M. de Beaumeillant avait fini par ne plus voir en elle qu'une enfant sauvage que sa présence effarouchait, et dont il admirait, sans en subir autrement le charme, la beauté fière et la grâce ombrageuse.

Cependant, à partir de ce jour, la gazelle s'apprivoisa peu à peu et ne tarda pas à le laisser approcher sans crainte. En se mêlant à l'intimité des deux amis, mademoiselle de La Tremblaye l'embellit d'un nouvel attrait, et les semaines s'écoulèrent sans que Richard songeât à les compter.

La saison était belle; ils l'employèrent en excursions dans le pays. Il n'était pas un coin de cette terre dont Pauline ignorât les chroniques et les légendes; elle les racontait à Richard, tandis qu'ils chevauchaient côte à côte dans les montagnes du Dauphiné, sous le regard protecteur de M. de La Tremblaye, qui semblait les envelopper tous deux dans un même sentiment d'orgueil et de tendresse.

Ils visitèrent ainsi, à plusieurs reprises, la Grande-Chartreuse, un des plus beaux sites que l'homme puisse admirer, soit que l'hiver y déchaîne les vents et les tempêtes, soit que l'automne en tempère la sévérité par la variété de ses riches couleurs. A chaque pèlerinage, le calme du cloître et le silence du désert descendirent plus avant dans le cœur de Richard. Ce cœur s'ouvrait d'ailleurs à de plus douces influences. M. de Beaumeillant s'abandonnant au charme, tout nouveau pour lui, d'aimer, de se sentir aimé, et de prendre part aux joies d'un intérieur affectueux et paisible, les chastes délices de la famille se révélaient à lui pour la première fois. Il se reposait enfin des ennuis de la solitude et des soucis d'une aride douleur, et, comme pour l'enchaîner et le retenir sur le seuil, le toit hospitalier se parait chaque jour d'une séduction nouvelle.

Cependant Pauline et Richard se voyaient en toute liberté et en toute innocence. Ils avaient en partage la beauté, l'intelligence et la jeunesse, avec le même sentiment poétique de la nature et de toutes choses. Tout leur souriait, tout les invitait; M. de La Tremblaye lui-même paraissait encourager les muettes sympathies qui les attiraient l'un vers l'autre. Chez M. de Beaumeillant, ce ne fut pas l'œuvre d'un jour : il avait été trop rudement éprouvé, il était trop souffrant encore et trop meurtri pour pouvoir se relever et s'épanouir au premier rayon caressant; le souffle maternel avait en lui desséché la sève et tari l'illusion. Frappé d'une longue stérilité, sa floraison fut lente et maladive. Pour mademoiselle de La Tremblaye, elle aima sans effort, avec toute la grâce et toute la fraîcheur de ses seize printemps. Comme deux nobles enfants, ils s'aimaient sans le savoir et sans se le dire, et M. de La Tremblaye était plus avant qu'eux-mêmes dans le secret de leurs jeunes cœurs.

Ce fut pendant son séjour à La Tremblaye que M. de Beaumeillant reçut la nouvelle de sa ruine à peu près complète. Depuis la mort de son père, l'administration de ses biens avait été singulièrement négligée. Tout entière à la passion, madame de Beaumeillant ne s'était guère inquiétée de ces soins vulgaires. Tout à sa douleur, Richard s'en était lui-même médiocrement préoccupé. Il apprit un matin que la meilleure partie de sa fortune venait d'être engloutie dans un abîme. Il ne lui restait plus que la terre de Beaumeillant, c'est-à-dire la pauvreté.

M. de La Tremblaye et sa sœur étaient près de lui lorsqu'il en reçut la nouvelle ; il en fit part à ses amis.

— Sommes-nous riches, nous? demanda aussitôt Pauline à son frère.

— On le dit, répliqua M. de La Tremblaye en souriant.

La jeune fille s'échappa pour cacher sa joie. C'est à peine si, de son côté, M. de La Tremblaye parut affecté de la ruine de son ami. Enfin M. de Beaumeillant lui-même reçut ce coup en gentilhomme, et il est vrai de dire que jamais désastre n'a produit moins d'effet.

On touchait à la fin de l'automne. Richard ne partait pas, et M. de La Tremblaye laissait vaguement entrevoir que son vœu le plus cher était qu'il ne partît jamais. Il ne s'expliquait pas et ne précisait rien ; mais il mêlait M. de Beaumeillant à tous ses rêves, à toutes ses espérances, à tous ses projets d'avenir. D'une autre part, mademoiselle de La Tremblaye, qui avait aimé Richard pour sa tristesse, l'adorait pour sa pauvreté, si bien qu'il put penser que sa ruine l'avait enrichi.

Mais il était écrit là-haut que ce jeune homme ne toucherait point au bonheur et qu'il porterait jusqu'au bout la peine des égarements qu'il avait déjà si cruellement expiés. A la porte du ciel qui s'ouvrait devant lui, et près de recevoir la couronne de son martyre, l'enfant maudit retomba sur la terre pour achever de s'y briser.

Un jour qu'il se trouvait dans la chambre de M. de La Tremblaye, il arriva que Richard, en lisant quelques lignes que celui-ci venait d'écrire, se sentit troublé. Pourquoi? Il n'aurait pu le dire; mais il pâlit, et son front se couvrit d'une sueur froide. M. de La Tremblaye lui dit :

— Vous souffrez; qu'avez-vous?

Richard ne le savait pas lui-même.

A quelque temps de là, il y eut un jour de fête au château : on célébra l'anniversaire de la naissance de Pauline.

Le soir, après dîner, M. de La Tremblaye entraîna sa sœur sur le perron, et tout d'un coup, comme s'il avait en son pouvoir la baguette enchantée des fées, il fit apparaître dans l'allée du parc une calèche neuve et charmante, attelée de deux chevaux arabes, qui vinrent s'arrêter au pied du perron, devant la jeune châtelaine. C'était depuis longtemps le rêve de Pauline; l'enfant se jeta dans les bras de son frère.

— Sais-tu bien, dit-elle en examinant les armoiries de sa famille, que M. de La Tremblaye avait fait peindre sur le panneau de la voiture, sais-tu que tu m'as traitée en duchesse?

C'était un champ d'argent à trois feuilles de trèfle au pied tortillé, l'écu timbré d'un dextrochère, et pour devise ces mots : *Tremulus suo furore minatur.* Pauline appela Richard auprès d'elle et le pria en riant de lui expliquer ce latin.

En voyant les armoiries, M. de Beaumeillant devint pâle comme la mort, et, durant la promenade, qui fut courte à cause des soirées déjà fraîches, Richard se tint silencieux et visiblement préoccupé. Ses deux amis s'en alarmèrent.

Au retour, il courut à sa chambre et tira de ses papiers l'enveloppe qu'il avait trouvée mêlée aux lettres de sa mère. Il en examina le cachet; ce cachet était aux armes de La Tremblaye. Il regarda la suscription; il reconnut l'écriture qui l'avait troublé.

Ce qui se passa dans son cœur, nul au monde ne le pourrait dire. Il sortit et rencontra Pauline dans le parc.

— Évariste n'est pas avec vous? demanda-t-il d'une voix qu'il s'efforça de rendre calme.

— Évariste? répondit la jeune fille; n'appelez pas ainsi mon frère. Autrefois je lui donnais ce nom, mais je sais que ce nom réveille en lui des souvenirs douloureux et cruels.

Richard s'éloigna brusquement; il avait la fièvre, sa tête était en feu.

Pâle, froid et terrible comme la statue du commandeur, il entra dans la chambre de M. de La Tremblaye, alla droit à lui, et, sans préambule :

— Reconnaissez-vous cette écriture? ce cachet est-il à vos armes ?

M. de La Tremblaye prit l'enveloppe que lui présentait Richard, l'examina, et dit :

— Cette écriture est la mienne; ce cachet est aux armes de ma maison.

— Et maintenant, monsieur, ajouta Richard en tirant de son sein les lignes que madame de Beaumeillant avait tracées avant d'expirer, connaissez-vous ces caractères? est-ce à vous qu'une mourante adressa ces derniers adieux?

M. de La Tremblaye prit le papier que lui tendait Richard, et, après l'avoir lu à travers ses larmes, il cacha son visage entre ses mains, et demeura long-temps anéanti sous le regard qui pesait sur sa tête.

— Vous êtes devant un fils qui demande compte de la destinée de sa mère, dit enfin M. de Beaumeillant en croisant ses bras sur sa poitrine.

Après quelques instants de silence :

— Asseyez-vous, monsieur, dit M. de La Tremblaye, et veuillez, quoi que je puisse vous faire entendre, m'écouter patiemment et sans m'interrompre. Lorsque j'aurai parlé, je serai tout à vous ; je me résigne d'avance et sans murmurer à ce que vous exigerez de moi.

Richard prit un siége. Au bout de quelques minutes de recueillement :

— Vous n'attendez pas, monsieur, dit M. de La Tremblaye d'une voix altérée, mais calme, que je cherche à me justifier aux dépens de l'infortunée qui n'est plus. Quand la fatalité me jeta sur sa route, madame de Beaumeillant était aussi pure que belle. Seul, je fus coupable; j'étais jeune et j'aimais. Trop noble pour consentir à concilier son amour avec ses devoirs, trop fière pour se résigner à rougir devant l'époux que j'avais outragé, madame de Beaumeillant prévint l'arrêt de son juge; elle se punit elle-même en s'exilant du foyer qui pourtant ne la repoussait pas. En échange des biens que je lui ravissais, que pouvais-je, sinon mettre à ses pieds ma vie tout entière? Je l'accueillis dans ma tendresse. Vous semblerais-je moins criminel, si, après l'avoir égarée, j'avais fermé lâchement le seul refuge qui lui fût ouvert? J'acceptai dans toute leur rigueur les devoirs sérieux et solennels que m'imposait une résolution désespérée. Je ne pense pas, durant près de dix ans, avoir failli une seule fois à ma tâche. Cette tâche était douce, sans doute; longtemps la passion me la rendit légère. Mais la passion n'est point éternelle. Quoi qu'il en soit, je résistai aux sollicitations de mes amis, aux reproches de ma famille; je criai silence aux voix de l'ambition, et, sourd aux bruits du monde, oublieux de mon avenir, je continuai de marcher, sans faiblir, dans la voie funeste où je me trouvais engagé. A vous, enfant, cela doit sembler œuvre simple et facile : puissiez-vous toujours en juger de la sorte! Si vous interrogez les hommes, tous vous diront qu'il m'a fallu, pour ne pas succomber à la peine, quelque conscience et quelque probité. Je ne prétends pas m'absoudre, mais je crois avoir fait tout ce qui est humainement possible pour établir l'ordre dans le désordre et le repos dans la tourmente. Si je n'ai pas réussi, c'est que Dieu ne permet pas que de semblables efforts puissent être couronnés de succès. C'est folie d'ailleurs que de vouloir lutter contre tous; la société a des forces vives, des chocs imprévus, des écueils invisibles contre lesquels tôt ou tard la révolte échoue et se brise. Votre père mourut; vous restiez sans appui. A quelque temps de là, je perdis ma mère; elle s'éteignit dans mes bras, après m'avoir, à son lit de mort, confié la destinée de sa fille. J'entrais dans une vie nouvelle; j'abordais de nouveaux devoirs, devoirs sacrés, incompatibles avec ceux que la passion m'avait suscités. La jeunesse de ma sœur changeait mon attitude vis-à-vis du monde; je dus me soumettre à l'opinion que j'avais si long-temps bravée, et m'imposer une réserve dont j'avais cru pouvoir m'affranchir jusqu'alors. Cette société que j'avais défiée de m'atteindre m'enlaça tout à coup de ses liens. Hélas! que vous dirais-je? Depuis plusieurs années, madame de Beaumeillant et moi, nous n'avions même plus l'excuse du bonheur. Je m'armai de courage et fus impitoyable. L'expérience vous apprendra peut-être que ces liaisons fatales ne se dénouent pas, mais se rompent; qu'on ne les rompt qu'à la condition d'être cruel. Je frappai donc, et le coup fut terrible. Cependant descendez dans mon cœur; y trouvez-vous des instincts féroces? Fouillez mon passé; y découvrez-vous une forfaiture à l'honneur? Je vis et votre mère est morte; mais ce n'est là qu'une question de santé, de force et de tempérament. La fleur que brise l'orage n'accuse pas le chêne qui résiste. Votre droit, à vous, est de maudire, je le sais; c'est votre droit et votre devoir ; de tout temps j'ai senti votre haine. Toujours je vous ai vu, dans mes nuits sans sommeil, pâle et menaçant, assis à mon chevet. Je vous aimais pourtant ; je vous aimais sans vous connaître. Autant que je l'ai pu, j'ai veillé sur votre abandon; chaque année, je vous ai rendu votre mère; jamais je n'offensai vos regards, je me suis tenu humblement dans l'ombre ; vous ne m'avez jamais rencontré dans votre chemin. Qu'auriez-vous dit, qu'auriez-vous fait, si, cédant à des vœux insensés, je n'avais pas craint de vous infliger le supplice de ma présence ?

— Je vous aurais tué, répondit froidement Richard.

— Il en est temps encore, répliqua M. de La Tremblaye; veuillez seulement m'écouter jusqu'au bout. Quand j'entendis pour la première fois prononcer votre nom dans le monde, et que vous m'apparûtes, triste, sombre et

vêtu de noir, je compris tout, et j'entrevis
avec effroi la destinée qui vous attendait.
Vous étiez sans guide, sans soutien; à votre
insu, je vous suivis d'un pas inquiet. J'étudiai
votre mal; je m'imposai la tâche de le soigner
et de le guérir. Je vous confondis, vous et ma
sœur, dans le même amour. Vos douleurs ont
traversé mon âme avant d'arriver à la vôtre.
J'ai porté votre croix; j'ai bu en même temps
que vous à la coupe de vos amertumes. Le
jour où vous fûtes blessé, ce n'est point le
hasard qui m'a fait vous rencontrer au bois;
j'étais aussi bien que vous-même au courant
de votre existence. Est-il besoin de vous dire
mes angoisses et mes tortures? Le coup qui
vous frappa me frappa; mon sang ne coula
pas, mais le vôtre tomba sur mon cœur en
gouttes brûlantes. Dieu me donna la joie de
pouvoir vous sauver. J'espérais que vous ignoreriez à jamais le lien qui existait entre nous;
j'essayai de gagner votre affection, j'y réussis
peut-être. Cependant ma sœur achevait de
grandir en grâces de tout genre, et je me
disais qu'elle serait l'ange d'une réconciliation

mystérieuse, le prix de vos labeurs, la réparation du passé, le gage de l'avenir. Je vous laissai partir, je savais que vous me reviendriez; Richard, vous êtes revenu. J'avais, durant votre absence, préparé ma sœur à vous aimer; vous avez achevé mon œuvre. J'ai vu l'amour se glisser dans son cœur; j'ai vu le vôtre se relever et prêt à fleurir. Nobles enfants, vous étiez dignes l'un de l'autre! Par quelle fatalité, quand j'allais toucher au but de mes rêves, avez-vous surpris le secret que je croyais enfoui dans mon sein? Je ne sais; mais, quoi que décide votre haine, monsieur de Beaumeillant, je suis prêt.

— Ah! malheureux, s'écria Richard avec un affreux désespoir, je ne puis vous haïr.

Puis, atterré sous le coup des paroles qu'il avait entendues, M. de Beaumeillant resta muet.

C'était donc là cet homme qu'il avait si long-temps cherché, qu'il avait si long-temps

poursuiv de ses imprécations et de sa colère !
C'était là cet infâme qu'il avait tant de fois
maudit ! Richard baissa la tête, et pour la dernière fois il pleura sur sa mère; en perdant sa
haine, il avait perdu son amour.

M. de La Tremblaye se leva, courut à lui
et voulut le prendre dans ses bras; mais M. de
Beaumeillant le repoussant avec dignité :

— Monsieur, lui dit-il, vous aviez surpris
mon cœur; je le retire. Je ne puis vous haïr,
je ne puis vous aimer. Ma main ne se souvient
déjà plus d'avoir rencontré la vôtre.

A ces mots, M. de Beaumeillant fit quelques pas pour sortir; Évariste se jeta devant la
porte comme pour lui barrer le passage.

— Qu'espérez-vous donc, monsieur? demanda fièrement Richard. Attendez-vous que
je consente à vous appeler mon frère, à vous
devoir l'amour, le bonheur, la richesse, à
vivre avec vous sous le même toit, à mêler

mon sang à votre sang et mon existence à la vôtre? Avez-vous oublié qui vous êtes et qui je suis? Voulez-vous que les os de mon père se lèvent pour me maudire?

— Si je m'exilais de votre bonheur, dit M. de La Tremblaye; si j'allais loin de vous, pauvre, seul, ignoré, achever tristement ma vie, comme vous avez commencé la vôtre; si vous ne deviez plus jamais entendre parler de cet homme, accepteriez-vous à ce prix la main de ma sœur avec le don de ma fortune?

M. de Beaumeillant ne répondit pas.

Il se laissa tomber sur un siége, cacha sa tête entre ses mains et se prit à verser des larmes silencieuses.

Il demeura long-temps ainsi, tandis qu'Évariste se tenait derrière lui, pâle, muet, immobile, comme un coupable attendant l'arrêt de son juge.

Enfin Richard se leva.

— C'est à moi de partir, dit-il; à moi d'aller vivre et vieillir dans la tristesse et dans la solitude : depuis long-temps, monsieur, vous m'en avez appris le chemin. Je ne veux pas mêler le nom de mademoiselle de La Tremblaye à ces tristes débats. Cette jeune et chaste créature ne doit point trouver place dans une si lamentable histoire. Continuez de veiller sur elle; vous avez fait pour votre sœur ce que ma mère n'a point fait pour son fils. Je vous abandonne le soin de l'instruire de mon départ. Consolez-la, s'il en est besoin. Laissez-la m'accuser plutôt que de ternir la pureté de son cœur par des révélations imprudentes. Son cœur est à peine atteint, il se relèvera. Ne demandez pas si je l'aime : je vous pardonne et ne vous connais plus.

A ces mots, Richard s'éloigna sans que M. de La Tremblaye eût songé à le retenir.

Il erra toute la nuit dans la campagne et prit, au lever de l'aube, la route de Grenoble.

En traversant le parc du château, Éden

que lui fermait sa mère, il aperçut de loin Pauline qui se tenait à sa fenêtre ouverte, blanche et radieuse comme l'étoile du matin.

Il s'arrêta quelque temps à la contempler.

— Adieu! dit-il, doux rêve évanoui; adieu, bonheur aussitôt envolé qu'entrevu; adieu, charmant rayon, le premier et le seul que j'aie vu briller dans une sombre vie. Soyez bénie, jeune âme! sois béni, aimable et noble cœur, sur lequel mon cœur s'est posé un instant, comme un oiseau fatigué sur une branche en fleurs!

Pauline l'aperçut à travers le feuillage éclairci; elle agita son mouchoir, sans se douter, hélas! que c'était un éternel adieu.

Richard la salua d'un pâle sourire, et disparut bientôt au détour d'une allée.

Ces deux enfants, que le ciel semblait avoir créés l'un pour l'autre, ne devaient plus se revoir en ce monde.

Richard retourna au château de Beaumeillant pour y vivre pauvre et solitaire. Il y rentra gravement, sans amertume, sans haine et sans colère. A l'insu de lui-même, un travail étrange s'était fait en lui, durant son absence. En rentrant dans cette sombre demeure où il avait grandi, la tête et le cœur uniquement remplis d'un poétique amour pour sa mère, il découvrit que cet amour était mort, ou, pour mieux dire, qu'il avait changé de place. A peine arrivé, il alla droit à la chambre qu'avait habitée son père. L'épée du comte de Beaumeillant était restée suspendue dans l'alcôve; Richard la prit entre ses mains, et, après l'avoir contemplée avec respect, il la baisa religieusement sur la garde.

LE CONCERT
POUR LES PAUVRES.

A

M. le marquis Auguste de Belloy.

LE CONCERT

POUR LES PAUVRES.

Vous, ami, qui l'avez connue, vous savez que de long-temps on ne trouvera pas sa pareille. Elle est restée dans notre mémoire à tous, comme une des plus charmantes figures qui aient brillé en ce temps-ci. Elle avait le génie, la beauté, la jeunesse, avec la grâce et la bonté qui font qu'on pardonne à la gloire. Elle a filé comme une étoile, mais on peut voir encore le sillon lumineux qu'a laissé son passage. Puisqu'il vous plaît d'entendre parler d'elle, et que tout ce qui se rattache à son souvenir a pour vous un attrait toujours souriant et toujours nouveau, je veux vous conter comment il me fut donné de la voir pour la première fois.

Il y a bien quelques années de cela. J'étais jeune et ne connaissais guère alors que mon village. Un ami de ma famille, qui me tenait en grande affection, ayant parlé de m'emmener dans le midi de la France où l'appelaient des affaires de succession, on pensa qu'avant de me lâcher dans la vie, il ne serait pas mal de me faire courir un peu le monde. Je partis donc par une belle matinée d'avril, en compagnie de l'ami Jacques, dans une petite carriole qui jouait la chaise de poste à s'y méprendre, attelée d'une petite jument aux jarrets de fer, que son maître appelait *Bergère*. Vous jugez quel voyage enchanté ! Le printemps partout, en moi, autour de moi : tout fleurissait, bruissait, verdissait dans mon cœur comme sur la terre, et mes seize ans mêlaient leur ramage aux gazouillements des oiseaux dans les bois.

Nous allions à petites journées, à la façon des *vetturini*, partant le matin, au soleil levant, prenant nos repas au hasard, couchant le soir à la grâce de Dieu. Mais, très-cher, rassurez-vous, vous n'avez point à redouter de nouvelles impressions de voyages. On ne m'a jamais vu parmi ces pèlerins indiscrets et bavards, qui vont frappant à toutes les portes, et secouant sans façon à tous les foyers la poussière de leurs sandales. Que raconter d'ailleurs et que dire? Il est des gens heureux : l'imprévu jaillit sur leurs pas; le fantastique et le pittoresque les escortent le long de la route; touristes prédestinés qui, de Paris à Saint-Cloud, trouveront le moyen d'écrire une odyssée. Moi, mon ami, tout au rebours, et je crois sérieusement que je ferais le tour du monde sans apercevoir la queue d'une aventure. J'ai quelquefois voyagé à pied, à cheval, en voiture; lancé, comme une flèche, par la vapeur, j'ai descendu le cours des fleuves; comme Annibal, j'ai franchi les Alpes; comme le pieux Énée, j'ai navigué sur la mer azurée; l'Océan m'a porté sur sa croupe verdâtre. Eh bien! je le confesse en toute humilité, rien ne m'est advenu d'étrange ni de romanesque : sur l'onde, bon vent et flot paisible ; sur terre, jamais d'autre drame que les accidents du paysage, et toujours devant moi le sentier sûr et battu de la réalité, s'allongeant inflexible et nu comme le rail d'un chemin de fer. Les départs au matin, par l'air frais et sonore; les haltes au milieu du jour; les pèlerinages aux vieux murs ; le salut échangé avec le contadin qui se rend à la ville ou retourne au hameau; les conversations silencieuses de l'âme avec la nature; les rêves confiés à la nuée qui passe ; les rencontres bienveillantes ; les arrivées le soir à l'hôtellerie ; l'accueil de l'hôte, la curiosité, parfois la sympathie qu'éveille presque à coup sûr un visage étranger et jeune : tels sont, à vrai dire, les incidents solennels qui ont jusqu'à présent signalé mes voyages ; c'est, en quelques mots, tout le poème de ma première campagne, moins l'épisode que je veux vous conter.

Mon ami Jacques parlait peu. Entre le

lever et le coucher du soleil il fumait de quinze à vingt pipes et dormait le reste du temps. *Bergère* faisait de huit à dix lieues par jour, plus ou moins, suivant les étapes. Tout m'était nouveau et tout me ravissait, excepté pourtant les villes que nous traversions et qui toutes me semblaient affreuses. Je me demandais s'il était possible que des êtres organisés comme mon ami Jacques et moi consentissent librement à traîner leur vie dans ces hideux repaires, auxquels je comparais avec orgueil le trou natal où j'avais grandi. Charme de la patrie! puissance des lieux où s'est écoulée notre enfance! magie du coin de terre où nos yeux se sont ouverts à la lumière des cieux! Je me souviens de m'être rencontré, voici quelques années, dans un coupé de diligence, avec un élève du collége Saint-Louis, qui, pour la première fois depuis cinq ans, allait passer les vacances dans sa famille. Malgré la différence de nos âges, nous nous prîmes bientôt d'amitié l'un pour l'autre. C'était un aimable jeune homme, presque un enfant encore, turbulent, expansif et tendre.

Il me parlait avec une joie pétulante de sa mère, de ses deux sœurs, du domaine où il était né et qu'il allait revoir après cinq ans d'absence. Je me plaisais à l'écouter : en l'écoutant je me reportais avec bonheur et mélancolie aux jours heureux de ma jeunesse. Comme nous venions de gravir à pied une côte rapide, arrivé sur le plateau, je ne pus m'empêcher de me récrier en voyant le paysage qui se déroulait à nos pieds. C'était merveilleux en effet : des bois diaprés de mille couleurs, des coteaux couronnés de pampres rougis par l'automne ; la rivière qu'enflammait le couchant; des villages fumant çà et là ; des clochers perçant le feuillage éclairci ; l'ombre des peupliers s'allongeant sur l'herbe des prés ; puis, de la vallée montant jusqu'à nous, tous les parfums, toutes les rumeurs, toutes les harmonies du soir. Mon jeune gars hocha la tête. — Si vous voulez voir quelque chose de beau, me dit-il, il faut venir avec moi à Fresnes. — Qu'est-ce que Fresnes ? lui demandai-je. — Fresnes, me répondit-il, c'est où je vais, c'est le domaine où je suis né, où m'attendent ma mère et mes sœurs. — Et c'est beau? — Oui, c'est un peu beau, ajouta-t-il avec un fin sourire. —Vous avez des bois? — Des forêts. — De l'eau? — Un lac, une rivière. — Des coteaux? — Vous pouvez dire des montagnes. — Ce doit être en effet un beau pays, lui répliquai-je. Le reste de la soirée, il ne fut question que de Fresnes entre nous. Le lendemain, dans la matinée, la diligence relaya devant la porte du Lion d'or, dans une méchante ville appelée, je crois, Saint-Maixent, à deux petites lieues de Fresnes; c'était là que mon jeune ami et moi devions nous séparer. Un domestique l'attendait en effet au débotté, avec deux chevaux. Le conducteur ayant déclaré que la voiture, par je ne sais quel vice d'administration, s'attarderait à Saint-Maixent au moins durant quatre heures, je cédai aux instances de mon jeune camarade, et me décidai à l'accompagner jusqu'au domaine de ses pères. J'étais curieux de visiter cet Éden, et d'en emporter l'image dans mon souvenir. J'enfourchai donc le cheval du serviteur, et nous partîmes au galop de nos bêtes. Nous avancions au milieu d'un pays plat, nu, sec et morne; mais je me rassurai en songeant à Vaucluse, où l'on arrive par enchantement, au détour d'un rocher aride. Enfin, après une heure de galop, nos chevaux s'arrêtèrent au bout d'un village, devant une grille de bois peinte en vert; mon compagnon se jeta à bas de sa monture, tomba dans les bras de trois femmes qui pleuraient de joie, et ce furent pendant quelques minutes des embrassements que la parole humaine ne saurait exprimer. Bien que fort ému et véritablement attendri, je cherchais du regard le lac et la rivière, les montagnes et les forêts. A franchement parler, c'était un pays infâme. Les premiers transports apaisés, l'enfant me prit par la main. — Tenez, me dit-il les yeux mouillés de larmes, voici nos forêts, nos montagnes, et là-bas notre lac et notre rivière. Hier, avais-je raison? savez-vous rien au monde de plus beau? — J'ouvris de grands yeux pour mieux voir. Le lac était une mare où barbotaient une douzaine de canards; la rivière, un filet d'eau malsaine;

la forêt, un bouquet de chênes au feuillage rongé moins par l'automne que par les chenilles; les montagnes, quelques quartiers de roc à moitié ruinés par les mineurs. Charme du pays natal! ainsi que je m'écriais tout à l'heure; et vous-même, mon cher Auguste, sous le ciel bleu de l'Italie, au milieu des orangers de la rivière de Gênes, n'avez-vous pas regretté parfois le parfum de vos pommiers en fleurs, votre maison près du cours de la Seine, les allées de votre verger? Ne vous êtes-vous jamais oublié à chercher du regard le clocher de votre village, ce clocher déjà historique, et qu'à votre tour vous deviez illustrer plus tard!

Cependant, plus nous approchions du Midi, plus les villes prenaient une tournure coquette, un aspect élégant et propre. C'était toujours moins beau que la patrie, et certes j'aurais donné de grand cœur toutes les cités se mirant orgueilleusement dans le Rhône pour mon village, qui baigne modestement ses pieds dans les eaux de la Creuse; mais c'était beau pourtant, j'en convenais. Vers la fin d'avril, par une soirée chaude et dorée comme un soir d'été, *Bergère*, la carriole, l'ami Jacques, sa pipe et moi, nous entrâmes triomphalement dans Carpentras. Voici, par exemple, une ville charmante qui partage, je ne sais pourquoi, avec Brives-la-Gaillarde, Pézenas et Landernau, le privilége de fournir tous les niais et tous les jobards que sacrifie la littérature à l'amusement du public. Je ne connais ni Landernau, ni Pézenas, ni Brives-la-Gaillarde ; mais je certifie que Carpentras, au pied du mont Ventou, blottie dans son enceinte de remparts crénelés, comme une perdrix dans une croûte de pâté, est une des plus poétiques villes de France qui rôtissent au soleil du Midi. Nous descendîmes à l'hôtel *des Trois Chats qui miaulent*. Sur l'enseigne en plein vent, un artiste de l'endroit avait peint trois chats dans un état d'exaltation difficile à décrire, et qui semblaient exécuter le trio le plus infernal qui se puisse imaginer.

A peine descendus de notre char, nous re-

marquâmes autour de nous une agitation qui
ne devait pas être habituelle. Des groupes
animés stationnaient devant l'hôtel et sur la
place du théâtre. Il y avait, avec l'air du printemps, je ne sais quel air de fête répandu dans
l'atmosphère. Des voitures arrivaient de toutes
parts et se croisaient en tout sens. Nécessairement il se préparait là quelque chose de
joyeux et d'étrange que nous ignorions : car
Bergère, mon ami Jacques et moi, nous étions
trop inconnus et d'ailleurs trop modestes pour
attribuer ce mouvement et ce concours des
citoyens à notre passage en leurs murs. Il était
clair qu'on attendait un prince du sang ou un
acteur en représentation.

La cloche du dîner interrompit brusquement les commentaires auxquels nous nous
livrions depuis quelques instants. A table
d'hôte, j'observai pour la première fois une
nouvelle espèce de bipèdes dont je n'avais
même pas jusqu'alors soupçonné l'existence,
M. de Buffon et les autres naturalistes ayant
omis d'en faire mention dans leurs histoires.

Mon ami Jacques m'assura que ces êtres bizarres étaient des commis-voyageurs. Ils nous apprirent qu'on donnait le soir même à Carpentras, dans la salle du théâtre, un concert au profit des pauvres. Un concert! à ce mot je rougis de plaisir, ce que voyant, mon ami Jacques se prit à pâlir d'épouvante; car il y avait au monde deux choses qu'il avait en haine profonde : la première, sa femme, et la seconde, la musique. La musique était le seul point sur lequel nous différions de sentiment.

Il faut bien se dire qu'alors un concert était chose rare en province. A cette époque, l'éducation musicale de la France commençait à peine, et, pour ma part, je n'avais entendu d'autres concerts que ceux des oiseaux dans nos ramées. Depuis ce temps nous avons fait en ceci des progrès rapides, la France est devenue musicienne pour le moins autant que l'Allemagne. La mélomanie a tout envahi, et il est difficile de prévoir où s'arrêtera le mal. Il n'est pas, dans nos départements, une ville de quatre mille âmes qui n'ait une fois par semaine son concert d'amateurs, et tous les jours, à toute heure, deux ou trois cents mains occupées à tapoter sur le clavier de cet instrument sans âme et sans cœur qui s'appelle un piano. C'est une rage, une maladie. Dernièrement, j'ai revu mon village. Autrefois, voici vingt ans à peine, on n'y comptait qu'un clavecin; le clavecin de ma pauvre marraine. Je vois encore ses doigts blancs et secs se promenant sur les touches d'ivoire; j'entends encore sa voix mélancolique et tendre chantant les vieux airs de *Richard*. J'ai retrouvé mon endroit infesté de pianos, de cornets à pistons, de basses énormes, de trompettes colossales et d'autres instruments antédiluviens. Le jour de mon arrivée, il y avait concert chez M. le maire; le lendemain, on donnait une sérénade à un député de l'opposition. Dieu me pardonne, je parierais qu'à cette heure la fille de ma nourrice a un piano et que mon frère de lait joue de la flûte ou de la clarinette! Autrefois Toinette chantait les airs du pays en patois, et François nous faisait danser le dimanche, sur la place aux ormeaux, aux sons de la musette.

Soyez sûr que la musique a déjà tué parmi nous beaucoup de bonnes choses qui la valaient peut-être. Elle a tué la comédie, la tragédie, le drame, le théâtre en un mot. Aux plaisirs de l'intelligence, qui demandent toujours un certain travail, elle a substitué un délassement qui n'en exige aucun. Pour en jouir, il suffit d'ouvrir les oreilles. Dans les familles, le piano a tué le silence d'abord, le recueillement, puis l'amour des livres et les lectures qui charmaient jadis les soirées d'hiver.

Les concerts sont aujourd'hui un divertissement assez commun et assez vulgaire, à la portée de tout le monde : on les donne à la douzaine. Je ne parle pas seulement de Paris, où nous avons des concerts en veux-tu en voilà ; je parle aussi de la province, où il est bien difficile de passer entre deux rangées de maisons sans recevoir une sonate dans la poitrine. Mais au temps où je voyageais avec mon ami Jacques, dans la carriole traînée par *Bergère*, un concert était un événement, quelque chose de rare et de solennel. On s'y prenait trois mois à l'avance, et quand le grand jour avait lui, c'était de toutes parts une affluence pareille à celle qui encombrait Carpentras à l'heure dont nous parlons. Il faut tout dire : à ce concert au profit des pauvres, on devait entendre plusieurs amateurs célèbres dans le département et aux alentours, entre autres un flageolet de Tarascon dont on racontait des merveilles. Mais l'attrait le plus vif, l'appât le plus séduisant, le vrai charme de cette fête, c'était la comtesse de R..., qui avait promis d'y concourir de sa grâce, de sa beauté, de sa voix et de son talent.

Or, il y avait sur la comtesse de R.... toute une histoire, qu'on racontait de façons diverses. A ce propos, les êtres étranges que mon ami Jacques appelait des commis-voyageurs, s'en donnaient à cœur joie et se permettaient une foule de traits subtils et de plaisanteries ingénieuses que je ne saurais trop redire. Toutefois, ce que j'entendais piquait au vif ma curiosité. J'appris que la comtesse de R.... était, quelques années auparavant, une cantatrice célèbre ; son nom, que n'a point dévoré l'oubli, résonne encore aujourd'hui, entre les noms de Pasta et de Catalani, comme une harpe éolienne. N'ayant pu parvenir à faire de la prima donna sa maîtresse, le comte de R... en avait fait sa femme. On ajoutait qu'amant jaloux autant que mari sévère, après l'avoir enlevée au théâtre, il la tenait dans son château, où l'infortunée victime se mourait de regrets, de tristesse et d'ennui.

Peut-être n'étaient-ce là que des fables inventées à plaisir. Toujours est-il que depuis trois ans que la comtesse habitait le pays, on l'avait à peine entrevue. Si les uns vantaient sa jeunesse et sa beauté, d'autres affirmaient qu'elle n'était rien moins que jeune et belle. D'autres enfin prétendaient qu'elle avait perdu sa voix après quelques mois de mariage. A l'unique fin de savoir à quoi s'en tenir sur toutes ces questions, le pays, qui d'ailleurs n'aimait point le comte de R..., à cause de sa grande fortune, de son grand nom, de son rare esprit et de ses belles manières (j'ai su tout ceci plus tard), le pays, dis-je, avait imaginé de donner un concert pour les pauvres, et de prier la comtesse de R... de concourir à cette œuvre de charité. Le fait est que la charité n'entrait pour rien dans cette bonne œuvre ; c'était tout simplement un prétexte pour arriver jusqu'à la mystérieuse châtelaine, un piége que lui tendait la curiosité des méchants et des sots, qui n'étaient pas fâchés en même temps de rappeler à M. le comte qu'il avait épousé une *chanteuse*, et de lui prouver qu'on était dans le secret de sa mésalliance. Une députation de notables s'était donc rendue au château. A leur grand désappointement, ils n'avaient pu pénétrer jusqu'à la comtesse, mais le comte les avait accueillis avec toutes sortes de bonnes grâces, et s'était empressé de promettre le concours de sa femme à l'œuvre charitable. La nouvelle s'en était répandue bientôt à dix lieues à la ronde, et voici pourquoi l'on accourait de toutes parts à cette fête.

Décider l'ami Jacques à prendre un billet de concert, il n'y fallait pas songer. Rien qu'à l'idée qu'on allait faire de la musique à Carpentras, il voulut atteler *Bergère* et s'enfuir à la hâte. J'eus bien de la peine à l'en dissuader. Sur le coup de huit heures, il s'alla coucher, et moi, conduit par la foule, je pris, libre et joyeux, le chemin du théâtre. La salle était déjà pleine. Les concertants et leurs instruments occupaient la scène, ornée de fleurs et de guirlandes de feuillage. Un piano, destiné à la comtesse de R..., était placé près de la rampe, en face de l'assemblée. Tout le monde était à son poste; nul ne manquait que la comtesse. Déjà on s'interrogeait avec inquiétude; tous les regards erraient cà et là; la comtesse de R... n'apparaissait pas. Après une heure de vaine attente, comme des murmures d'impatience commençaient à circuler dans la salle, l'orchestre prit le parti de commencer.

On joua d'abord l'ouverture de *la Caravane*. Je trouvai l'exécution parfaite et d'un effet magique; je ne me doutais pas jusqu'alors que, douze hommes étant donnés, on pût arriver à produire un pareil tapage. Flûtes, violons, basses et clarinettes rivalisèrent d'énergie et de bon vouloir ; j'en suais pour eux à grosses gouttes. Il n'est pas besoin d'ajouter que ce morceau fut couvert d'applaudissements frénétiques : les mères, les sœurs, les épouses, les cousines des exécutants, sanglotaient à pierres fendre et pleuraient comme des robinets ouverts. La dernière mesure achevée, tous les yeux cherchèrent la comtesse de R...; point de comtesse.

Au bout de quelques minutes de répit, un monsieur gros et court, habit noir et cravate blanche, s'avança sur le bord de la scène, salua gracieusement, tira de sa poche trois ou quatre morceaux de buis ; puis, après les avoir ajustés les uns aux autres, il annonça qu'à l'aide de ce léger instrument, il allait imiter le chant de tous les oiseaux, depuis le chant du rossignol jusqu'au croassement du corbeau. A ces mots, il courut dans l'assemblée un murmure de flatteuse approbation, auquel succéda presque aussitôt un profond et religieux silence.

Ce monsieur gros et court était le flageolet de Tarascon.

Il imita d'abord le gazouillement du rossignol, puis successivement le ramage de la mésange et de la fauvette, le sifflement du merle, le cri de la chouette, le roucoulement de la colombe, le gloussement de la poule, le chant aigu du coq, et, comme il l'avait promis, le croassement du corbeau. Ce flageolet était à la fois une volière et une basse-cour. Après une heure de cet agréable exercice, que sembla goûter fort le public de Carpentras, le monsieur remit en morceaux son précieux instrument, les fourra dans sa poche, et se retira au milieu des applaudissements de la foule. Mon voisin de droite, qui ne pouvait croire aux merveilles qu'il venait d'entendre, assurait qu'il y avait des oiseaux cachés dans les coulisses. Mon voisin de gauche, aimable et fin railleur, était d'avis que ce monsieur envoyât son flageolet pour le faire empailler à M. Dupont, le naturaliste.

Au monsieur gros et court succéda un autre monsieur, long et mince. Celui-ci était d'Avignon. Il annonça qu'il allait, à l'aide d'un simple violon, imiter tous les instruments, depuis la flûte jusqu'au tambour, ce qu'il fit en effet avec les meilleures intentions du monde. Il joua de tous les instruments, excepté du violon. En y songeant, je me suis dit plus tard qu'il est ainsi beaucoup d'artistes chez qui le talent d'assimilation a tué l'individualité, habiles à tout reproduire, si ce n'est leur propre nature, échos de tous, si ce n'est d'eux-mêmes.

Au monsieur long et fluet succéda un troisième monsieur, chevelu, barbu, frisé, pommadé, bichonné, gants queue de serin, manchettes relevées sur le poignet; un beau, un dandy ; le lion n'était pas encore inventé. Il avait la taille d'un tambour-major, des mains à tuer un bœuf d'un coup de poing, et des épaules à rendre jaloux Hercule. Il se mit au piano, et chanta *Fleuve du Tage*, d'une voix amoureuse qui nous plongea tous dans le ravissement. Dès lors, j'ai toujours professé une profonde admiration pour la valeureuse jeunesse qui charme ainsi les soirées du monde.

Aller sur le terrain ; essuyer sans pâlir le coup de feu de son adversaire ; assister vaillamment à une bataille rangée ; charger l'ennemi d'un pied ferme ; marcher sans faiblesse au supplice ; tout ceci n'a rien qui m'étonne. Mais en présence de deux ou trois cents personnes, se camper bravement devant un piano, et chanter dans sa barbe : *Je vais revoir ma Normandie*, ou autre complainte analogue, c'est le plus haut point d'héroïsme où l'homme puisse arriver. Ces messieurs ont fait leurs preuves de courage, et sont en droit de refuser un duel. Les femmes en ceci partagent mon opinion, et comme, en général, elles aiment les héros, il est bien rare qu'un chanteur de romances ne l'emporte pas auprès d'elles sur un homme d'esprit.

Cependant la comtesse n'arrivait pas. Il était près de dix heures : raisonnablement on ne devait plus compter sur elle. Toutefois on attendait, on espérait encore, lorsqu'un quatrième monsieur, de Carpentras celui-là, le chef d'orchestre, le meneur de la fête, s'approcha de la rampe, et, après trois saluts compassés, communiqua à l'assemblée une lettre qu'il venait de recevoir à l'instant. C'était une charmante petite lettre, par laquelle madame de R... s'excusait de ne pouvoir se rendre au concert, et priait MM. les commissaires de vouloir agréer son offrande avec ses regrets. Cette lettre était accompagnée d'un billet de mille livres.

On pense si ce dut être un cruel désappointement pour les curieux, les sots et les méchants. Ce fut un tohu-bohu général, un *tolle* universel. Que ne dit-on pas? que n'entendis-je pas? Il était assez clair que la comtesse était vieille et laide, puisqu'elle refusait de se montrer; qu'elle avait perdu sa voix, puisqu'elle refusait de se faire entendre. Mais ce fut l'envoi du billet de mille livres qui surtout échauffa la bile de ces honnêtes gens. Il convenait bien à une chanteuse des rues de prendre ainsi des airs de princesse! Les indigents de Carpentras avaient-ils besoin des munificences du château de R...? La ville ne suffisait-elle pas à nourrir ses pauvres? On était d'avis que ce billet de mille livres fût immédiatement renvoyé à l'orgueilleuse donatrice. En même temps, comme le plus grand nombre n'avait payé que pour voir et pour entendre chanter la comtesse, ce n'étaient de toutes parts que gens qui se disaient volés et réclamaient impérieusement leur argent : si bien que de ce concert donné au profit des pauvres, les pauvres couraient grand risque de ne retirer d'autre bénéfice que l'avantage de n'y avoir point assisté. L'indignation allait croissant, l'exaspération était au comble. Vainement, pour apaiser les passions déchaînées et couvrir le bruit de l'orage, l'orchestre attaqua, avec une vigueur peu commune, l'ouverture de *Lodoïska;* l'orage couvrait le bruit de l'orchestre. Il m'est arrivé, depuis cette soirée mémorable, d'assister à bien des concerts, mais je ne pense pas avoir jamais entendu un pareil vacarme. On sifflait, on hurlait; une demi-douzaine de chiens, qui avaient suivi leurs maîtres, poussaient des aboiements plaintifs, auxquels de mauvais plaisants répondaient par des miaulements lamentables. Les enfants piaulaient, les femmes criaient, les hommes menaçaient de jeter les banquettes sur le théâtre, et, au milieu de la tempête, l'ouverture de *Lodoïska* allait toujours son train ; les Tartares étaient dans la salle.

Il était difficile de prévoir comment se terminerait cette scène de confusion et de désordre, quand soudain les flots en fureur retombèrent silencieux et immobiles, comme si le doigt de Dieu leur eût commandé de se taire et de se calmer.

Une jeune étrangère avait d'un pied léger, sans que nul s'en fût aperçu au milieu du trouble général, franchi les degrés qui séparaient le parquet du théâtre, et soudain on la vit apparaître, assise devant le piano destiné à madame de R..., comme un ange descendu du ciel. N'était-ce pas un ange en effet? Elle semblait toucher à peine aux premiers jours de la jeunesse; les grâces naïves de l'enfance ornaient encore son charmant visage; mais déjà l'éclat du génie illuminait son front et ses regards. Elle se tenait simple et grave, sans embarras et sans hardiesse, la bouche demi-souriante. A cette apparition, tout fit silence. Quelle était cette femme? Personne n'aurait pu le dire. Tous les yeux étaient rivés sur elle : mais elle, calme et sereine, paraissait remarquer à peine la foule qui la contemplait. Elle dénoua les rubans d'une capote blanche, qu'elle déposa négligemment à ses pieds. Sa coiffure était basse; ses cheveux, séparés sur le front, s'abattaient le long de ses tempes, lisses et noirs comme des ailes de corbeau. Elle ôta ses gants, et ses petites mains coururent sur le clavier. Enfin, après avoir préludé durant quelques instants, la jeune étrangère chanta.

Anges et séraphins aux ailes frémissantes, qui tenez là-haut les harpes d'or et chantez en chœur aux pieds de l'Éternel, comment donc chantez-vous, harmonieuses phalanges, si l'on chante ainsi sur la terre! J'écoutais, éperdu, sans haleine, immobile, et tous écoutaient comme moi. Ce que j'entendis, nul ne saura jamais l'exprimer. Elle chantait dans cette douce langue que les femmes et les enfants gazouillent sur les bords de l'Arno. Ce furent d'abord de suaves modulations qui s'épandirent comme de belles nappes d'eau sous de frais ombrages, pour s'égarer bientôt en de gracieux méandres, telles qu'un fleuve au cours lent et paisible entre des rives embaumées. Je crus voir, je vis un instant, les flots mélodieux s'échapper de ses lèvres, je les sentis me soulever et m'emporter dans les célestes espaces. Magie du chant! puissance de la voix! Dans cette salle enfumée, à la lueur des quinquets huileux, sur une banquette poudreuse, il me sembla que j'assistais pour la première fois aux splendeurs de la création. Elle disait, sur un ton doux et grave, le charme des nuits sereines, les mutuelles tendresses à la clarté des astres d'argent, la barque sillonnant en silence le miroir du lac endormi, et moi, la tête entre mes mains, je voyais, comme dans un rêve, les montagnes d'azur au travers des roses vapeurs du couchant; je respirais les parfums du soir, j'entendais s'éveiller les brises, et les soupirs amoureux se mêler au murmure de l'onde et au frissonnement du feuillage.

Ce premier chant achevé, l'assemblée resta silencieuse, immobile; pas un bruit, pas une rumeur, pas un mouvement dans la salle, suspendue tout entière aux lèvres de l'enchanteresse. On écoutait encore. La jeune femme avait laissé ses doigts sur les touches d'ivoire. Après les avoir tourmentées au hasard et d'un air distrait, elle s'abandonna de nouveau à l'inspiration de ses souvenirs. Que vous dirai-je? Vous voyez bien que je suis là comme un pauvre diable de muet que les émotions étouffent et qui n'a qu'un cri pour les exprimer. J'ai toujours aimé la musique, et je n'ai jamais pu rien entendre au vocabulaire musical. Cette langue, hérissée de bémols et de bécarres, m'est aussi familière que le sanscrit et le persan. J'aime la musique à la façon des lézards, qui seraient fort en peine, j'imagine, de dire si la symphonie qui les charme est en *ut* majeur ou en *si* mineur. Comment donc vous rendrais-je les effets de cette voix qui, tour à tour vive et légère, tendre et sonore, grave et profonde, jaillissait, éclatait, se brisait en cascades de notes cristallines, coulait à flots harmonieux, grondait comme le torrent dans l'abîme? Il y avait en elle la grâce des jeunes amours et l'énergie des passions terribles. Ainsi, la belle inspirée exprima tour à tour les joies naïves, les coquetteries agaçantes, les emportements jaloux, les transports brûlants et les douleurs éplorées; j'entrevis pour la première fois l'image des poétiques héroïnes dont le nom ne m'était point encore révélé, Rosine, Anna, Juliette, Elvire. Elle chanta la romance du *Saule* que j'avais entendu chanter à ma marraine; je crus entendre cette fois la Desdemona de Shakspeare, mélancolique comme la nuit qui semble gémir avec elle, pressentant sa terrible destinée, la prédisant dans chacun de ses accents, la racontant dans chacun de ses regards, Desdemona près de mourir. Qu'elle était belle alors et touchante! Puis elle chanta des chants du Tyrol, agiles et bondissants comme le chamois sur la neige des cimes alpestres : car cette voix, qui savait descendre si profondément dans les cœurs, savait aussi se jouer en fantaisies éblouissantes.

Après nous avoir tenus durant près d'une heure dans un enivrement que je ne cherche pas à décrire, elle se leva calme et souriante. En cet instant, la salle éclata, et je pensai que la voûte s'effondrerait sous les applaudissements de la foule. J'ai cru dès lors à tout ce qu'on nous a raconté de l'influence d'Orphée sur les bêtes de son pays. Tous les cœurs étaient émus, tous les yeux mouillés de larmes. J'ai plus tard assisté à bien des triomphes de ce genre. J'ai vu des pianistes épileptiques exciter des admirations effrénées; j'ai vu lancer des roses et des camélias à la tête de gros ténors bien portants; mais jamais je n'ai retrouvé les émotions de cette soirée, si grotesque au début, et qui finissait d'une façon si imprévue et si touchante. On ne songeait même pas à se demander quelle était cette jeune femme que personne ne connaissait; l'enthousiasme avait absorbé la curiosité. Cependant, toujours calme et sereine, la bouche épanouie dans un demi-sourire, elle ne paraissait pas se douter de ce qui se passait autour d'elle. Le flageolet de Tarascon s'étant avancé pour la féliciter, elle lui rit gentiment au nez; le génie que nous venions d'entendre n'était plus qu'une enfant espiègle. Au milieu des applaudissements, sous le feu de tous les regards, elle remit tranquillement ses gants et sa capote de voyage; puis, ouvrant un petit sac de velours vert qu'elle avait gardé jusqu'alors suspendu à son bras par une torsade de soie à glands d'or, elle le façonna comme une bourse de quêteuse, et le présentant dans le creux de sa main aux personnes qui l'entouraient :

— Messieurs, pour les pauvres de votre ville! dit-elle de cette voix qui savait si bien le chemin des âmes.

Vous pensez si les applaudissements redoublèrent, et si chacun s'empressa de mettre la main à sa poche. Les pauvres de Carpentras firent là une bonne soirée. Ce fut une averse de blanches petites pièces qui tomba de toutes parts dans le sac de la belle quêteuse. Je vis une femme élégante et parée, tout émue encore et toute frémissante, détacher de son bras un riche bracelet, le glisser dans la bourse, puis baiser la main qui la lui présentait. Je vis une jeune fille, simplement vêtue, et qui sans doute n'avait rien à donner, y déposer en rougissant le bouquet de violettes qu'elle tenait à la main et qu'elle avait mouillé de ses larmes. Quelle pluie de fleurs valut jamais cette modeste offrande? La quête achevée, l'étrangère, après en avoir versé le produit sur la table du piano, retira le bouquet de violettes qui s'y trouvait mêlé, et l'ayant mis à sa ceinture, elle offrit à la jeune fille son petit sac vert en échange.

Je n'ai pas besoin d'ajouter que le concert n'alla pas plus loin; les violons étaient rentrés dans leurs boîtes, les clarinettes dans leurs étuis. Appuyée sur le bras de sa femme de chambre, la belle inconnue se retira à travers les flots empressés qui s'ouvrirent pour la laisser passer. Déjà les musiciens complotaient une sérénade, et les jeunes gens de Carpentras se proposaient de lui offrir un banquet patriotique. Malheureusement une chaise de poste, attelée de quatre chevaux, attendait à la porte du théâtre : les postillons étaient en selle. Elle monta dans la voiture, et, au moment où monsieur le maire s'avançait pour la complimenter, les fouets claquèrent, les chevaux partirent au galop, et la chaise disparut bientôt au milieu des cris et des bénédictions de la foule.

Était-ce un rêve? je ne savais. J'étais ivre. Il faisait une nuit magnifique; je m'échappai de la ville et gagnai les campagnes que la lune baignait de ses molles clartés. A coup sûr, de nouvelles facultés venaient d'éclore en moi : mes perceptions étaient plus nettes et plus rapides, mes sens plus fins et plus délicats. Je saisissais dans le silence de la nuit des harmonies qui me parlaient pour la première fois, dans la contemplation du ciel étoilé et des champs endormis des spectacles dont je n'avais jamais soupçonné jusqu'alors les merveilles et la poésie. Et toujours cette voix, cette voix qui chantait dans mon cœur! Je ne rentrai qu'à l'aube naissante. Mon ami Jacques dormait encore. Je l'éveillai brusquement et lui sautai au cou; mais lui, voyant que c'était de musique qu'il s'agissait, m'envoya à tous les diables, remit sa tête sur l'oreiller et se prit à ronfler de plus belle.

Une indisposition de *Bergère* nous obligea à prolonger notre séjour à Carpentras. Durant les quelques jours que nous y restâmes, il ne fut question que du concert pour les pauvres, de la comtesse de R... et de la mystérieuse étrangère. Chacun se perdait en commentaires plus absurdes les uns que les autres. Comme il n'y avait pas d'autre sujet de conversation à la table d'hôte *des Trois Chats qui miaulent*, mon ami Jacques était d'une humeur de sanglier. Las d'entendre parler musique, un beau matin il attela *Bergère*, qui entrait à peine en convalescence, et nous partîmes au petit trot, lui jurant bien de ne jamais remettre les pieds dans cette ville de malheur, et moi emportant un des plus charmants souvenirs que devait me laisser ma jeunesse. Aussi, vous ai-je toujours défendue contre les railleurs, ô ville aux remparts crénelés! Aussi, m'apparaissez-vous toujours pleine de grâce et d'harmonie, ô cité que Pétrarque aimait! Je n'ai jamais écrit votre grand nom qu'avec respect, ô Carpentras, et, tant que je vivrai, vous aurez une plume amie pour répondre à vos détracteurs.

Notre voyage s'acheva comme il avait commencé, l'un rêvant, l'autre fumant. Nous visitâmes Nîmes, Arles, Montpellier, Marseille. Nous eûmes la douleur de perdre *Bergère* à Alais; la noble bête creva sur la paille. Après avoir terminé ses affaires et recueilli çà et là quelques milliers de francs qui lui revenaient de l'héritage d'une vieille tante, l'ami Jacques acheta un petit cheval qu'il baptisa du nom de *Bistouri*, en mémoire de son premier maître, chirurgien terrible et barbare, et nous retournâmes à notre village avec ce nouveau compagnon. C'était un animal aux jarrets moins solides que ne l'étaient ceux de la défunte (c'est *Bergère* que je veux dire), entêté, capricieux, fantasque, ne se gênant pas pour flâner le long des haies vives et se rouler gaiement dans la poussière du chemin, buvant à tous les ruisseaux, tondant tous les gazons, ruant, renifflant, gambadant, portant au vent, au demeurant le meilleur fils du monde. Ainsi, je m'en revins comme j'étais allé; mais ému, mais troublé, plongeant un regard avide dans toutes les chaises de poste qui filaient près de nous sur la route, et rapportant dans mon cœur des voix confuses et de vagues images qui ne s'y trouvaient pas au départ. *Bistouri* nous versa trois fois, et nous arrivâmes sans plus d'accidents au pays.

L'année suivante, on me mit la bride sur le cou et on me lâcha dans Paris. Je hantai l'Opéra, les concerts; mais la voix que je cherchais, je ne l'entendis nulle part, si ce n'est dans mes songes où je l'entendais toujours. Tout ce que je vis me sembla terne et froid. Les talents les plus admirés me faisaient sourire; les chants les plus applaudis me trouvaient distrait et indifférent; les idoles des loges et du parterre me paraissaient indignes des ovations qu'on leur décernait. Malgré leur pompe et leur éclat, toutes ces représentations où je courais avec la foule me laissaient triste et désenchanté. J'avais alors un petit camarade, grand amateur de musique, passionné pour les beaux chants et pour les belles voix. Nous allions ensemble aux théâtres lyriques, et nous revenions ensemble, la nuit, le long des quais, bras dessus bras dessous, lui joyeux et plein d'enthousiasme, moi chagrin et le front baissé. Lorsqu'il me demandait pourquoi j'étais ainsi, je répondais par cette moitié de phrase devenue proverbiale entre nous : — Ah! si tu avais assisté, l'an passé, à un concert pour les pauvres qui s'est donné à Carpentras.... Et lui de m'interrompre et de rire à votre nom, ô ville éternellement chère, où j'entendis pour la première fois chanter cette âme mélodieuse qui n'est restée, sur la terre comme dans vos murs, que le temps de charmer le monde!

Découragé, j'avais pris le parti de m'en tenir au chant de mes souvenirs, et depuis quelques mois je n'accompagnais plus mon petit camarade dans ses excursions. L'hiver arriva; c'était le premier que je subissais à Paris. Un jour, mon petit ami entra dans ma chambre, radieux et triomphant comme Christophe Colomb après la découverte de l'Amérique. Il avait, lui aussi, pas plus tard que la veille, découvert un nouveau monde; il avait découvert le Théâtre-Italien. L'enfant m'en raconta des merveilles, et m'assura qu'on pouvait s'y risquer, *même après avoir assisté au concert pour les pauvres qui s'est donné à Carpentras*. Je branlai la tête d'un air incrédule. Il insista, mais vainement; je n'avais point goût à de nouvelles expériences; d'autres soins d'ailleurs m'occupaient; enfin, faut-il le dire? j'étais jaloux pour la voix qui chantait dans mon cœur, jaloux comme un amant pour la beauté de sa maîtresse, et je sentais que je souffrirais si je rencontrais sa rivale.

Dès lors, il ne s'écoula guère de jours sans que mon petit dilettante revînt à la charge. Tous les soirs de Bouffes, il arrivait, passé minuit, s'asseyait sur le pied de mon lit, et Dieu sait tout ce qu'il me fallait essuyer de pamoisons et d'enthousiasme. Plus d'une fois je fus tenté d'en agir avec lui comme avec moi mon ami Jacques avait agi à Carpentras. Je dois convenir cependant qu'il avait fini par piquer au vif ma curiosité et réveiller en moi la fibre musicale. Il me parlait surtout de deux reines du chant qui se partageaient la couronne ; je brûlais et je tremblais en même temps de les voir et de les entendre.

Un soir, enfin (je m'en souviendrai toute ma vie), j'avais lu *Otello* sur l'affiche ; par un de ces brouillards compactes qui parfois enveloppent Paris comme un linceul, j'allai m'ajouter à la file qui assiégeait la porte du Théâtre-Italien. Après une heure d'attente, sous la brume fine et glacée qui me transperçait jusqu'aux os, la file ondula lentement, comme les anneaux d'un serpent qui s'allonge. Je pénétrai un des derniers dans le sanctuaire ; disons mieux, je n'y pénétrai pas. Je trouvai le temple envahi, et ce ne fut pas sans peine que j'obtins la faveur d'un tabouret dans un couloir. Sur le coup de huit heures, je sentis un frisson passer sur toutes les âmes. Le rideau se leva, et tel était le religieux silence, que je pus entendre longtemps frémir les derniers accords de l'orchestre, qui s'élevèrent légers comme un nuage, planèrent sur la foule immobile, et se brisèrent à la voûte, comme l'onde émue contre la pierre du bassin qui l'enferme. Je ne voyais rien, mais tous les sons arrivaient jusqu'à moi. J'écoutais dans le ravissement, je croyais écouter aux portes du ciel, et, je l'avoue, ingrat, j'oubliais Carpentras, quand tout d'un coup un mouvement se fit dans la salle, et une triple bordée d'applaudissements salua l'apparition de Desdemona. Je cherchais du regard la jeune vénitienne, mais une muraille vivante me cachait le théâtre et la scène. La foule était redevenue muette. Desdemona chanta. Aux premiers accents de cette claire voix, je tressaillis des pieds à la tête. Était-il vrai? ne me trompais-je pas? n'étais-je pas le jouet d'une illusion? Était-ce bien la voix de mes rêves? J'essayai de rompre le rempart qui me fermait l'entrée de la salle; mais je l'essayai vainement, et je retombai sur mon siége. J'hésitais, je doutais encore; mais lorsque j'entendis la romance du *Saule*, je ne doutai plus, c'était elle! Après la chute du rideau, je me jetai, par un effort désespéré, dans l'orchestre. Bientôt la toile se releva aux acclamations de l'assemblée, qui rappelait Desdemona sur la scène; Desdemona parut. La clarté des lumières vacilla au bruit de longs cris d'enthousiasme; les fleurs pleuvaient, les loges étincelaient de pierreries, les écharpes blanches et roses s'agitaient dans l'air embaumé. Simple et naïve dans son triomphe, je la reconnus bien : c'était elle, c'était l'ange voyageur qui, parfois sur sa route, s'amusait à chanter pour les pauvres.

Le nom qu'avaient crié les loges et le parterre, je ne l'avais pas entendu.

— Monsieur, demandai-je à mon voisin, comment appelez-vous la cantatrice qui vient de chanter le rôle de Desdemona?

Mon voisin me regarda d'un air curieux, comme si j'arrivais du Congo.

— Madame Malibran, me dit-il.

Hélas! rien n'a pu attendrir la mort inexorable, ni tant de génie uni à tant de grâce, ni l'amour du public, ni l'éclat de la gloire et de la beauté! C'est que la cruelle, comme l'a dit le vieux poète, s'est bouché les oreilles;

autrement, elle n'eût point osé la frapper. Ah! ne la plaignons pas. Elle a succombé dans la fleur de ses jeunes années, elle s'est ensevelie dans le luxe de tout son feuillage. Qui pourrait dire ce que la vie lui réservait? Elle n'aura pas, comme tant d'autres, assisté à sa déchéance, ni vu pâlir son étoile et sa couronne s'effeuiller. Elle n'aura connu ni les défections du talent, ni l'ingratitude de la foule, ni les trahisons de la célébrité. La mort lui a fait un printemps éternel, et les années qui nous vieilliront ne mettront point une ride à son front. Heureux donc ceux qui meurent ainsi, avant d'avoir suivi le convoi de leur jeunesse! ils sont les élus du Seigneur.

FIN.

Publications récentes.

Œuvres de M. Eugène Sue.

LATRÉAUMONT.	2 vol. in-8°.	DEUX HISTOIRES.	2 vol.
ARTHUR.	4 vol. in-8°.	MATHILDE.	6 vol.
Le même ouvrage.	2 vol. in-18.	LE MORNE-AU-DIABLE.	2 vol. in-8°
DELEYTAR.	2 vol. in-8°.	LA SALAMANDRE.	1 vol. in-8°
LÉTORIÈRE.	1 vol. in-8°.	PLICK ET PLOCK.	1 vol. in-18
JEAN CAVALIER.	4 vol. in-8°.	ATAR GULL.	1 vol. in-18.
LE COMMANDEUR de Malte.		LA COUCARATCHA.	2 vol. in-18
	2 vol. in-8°.	LA VIGIE DE KOAT-VEN.	2 vol. in-18
THÉRÈSE DUNOYER.			2 vol. in-8°.
PAULA MONTI.			2 vol. in-8°.
LES MYSTÈRES DE PARIS, en huit séries.			8 vol. in-8°.

Œuvres de M. Charles de Bernard.

LE NOEUD GORDIEN.	2 vol. in-8°.	LA PEAU DE LION et LA CHASSE	
GERFAUT.	2 vol. in-8°.	AUX AMANTS.	2 vol. in-8°.
LE PARAVENT.	2 vol. in-8°.	L'ÉCUEIL.	2 vol. in-8°.
LES AILES D'ICARE.	2 vol. in-8°.	LE VEAU D'OR.	2 vol. in-8°.

Romans de Gustave Drouineau.

LE MANUSCRIT VERT.	2 vol. in-8°.	L'IRONIE.	2 vol. in-8°.
RÉSIGNÉE.	2 vol. in-8°.	CONFESSIONS POÉTIQUES.	
LES OMBRAGES.	1 vol. in-8°.		1 vol. in-8°.

Romans du comte Horace de Viel-Castel.

CÉCILE DE VAREIL.	2 vol. in-8°.	ARTHUR D'AIZAC.	2 vol. in-8°.
BERTRAND DE KERGOET.		ALBERT DE SAINT-POUANCE.	
	2 vol. in-8°.		2 vol. in-8°.

Romans de Jules Sandeau.

MARIANNA.	2 vol. in-8°.	LE DOCTEUR HERBEAU.	2 vol. in-8°.

Romans de Mme Ancelot.

GABRIELLE.	1 vol. in-18.	ÉMERANCE.	2 vol. in-8°.

THÉATRE COMPLET DE Mme ANCELOT. 1 vol. in-18.

Romans nouveaux.

LE ROI DES FRÉNELLES, par Antoni Thouret.	2 vol. in-8°.
SOIR ET MATIN, ou LA VIE HUMAINE, par Bulwer.	2 vol. in-8°.
SOIRÉES DU GAILLARD D'ARRIÈRE, par A. Jal.	3 vol. in-8°.
JULIEN, par Mme Achille Comte (Ve Laya).	2 vol. in-8°.

Traductions de M. Defauconpret.

LE MARIN A TERRE, par le capitaine Marryat.	2 vol. in-8°.
LE VAISSEAU FANTOME, par le même.	2 vol. in-8°.
PAUVRE JACK, par le même.	2 vol. in-8°.
JOSEPH RUSHBROOK, par le même.	2 vol. in-8°.
LE PAQUEBOT AMÉRICAIN, par J.-F. Cooper.	4 vol. in-12.
ÈVE EFFINGHAM, par le même.	4 vol. in-12.
LE LAC ONTARIO, par le même.	4 vol. in-12.
MERCÉDÈS DE CASTILLE, par le même.	4 vol. in-12.
LE TUEUR DE DAIMS, par le même.	4 vol. in-12.
LES DEUX AMIRAUX, par le même.	4 vol. in-12.
PERCIVAL KEENE, par le même.	2 vol. in-8°.
LE FEU FOLLET, par le même.	4 vol. in-12.

— Paris. Imprimé par Béthune et Plon. —

www.ingramcontent.com/pod-product-compliance
Lightning Source LLC
Chambersburg PA
CBHW050543170426
43201CB00011B/1541